westermann

TEAM LUPE ERMITTELT

Das zerstörte Erdbeerbeet

Erarbeitet von
Isabelle Mahler, Lüneburg
Dr. Annika Nissen, Lüneburg

Richtig schreiben
FÖRDERN

INHALT

Kapitel geschafft?
Dann hake es
in diesen Feldern ab.

Unser Fall:
Das zerstörte Erdbeerbeet

Wie jeden Mittwoch haben sich die vier Detektive
bei Elsa im Gartenhaus versammelt.
Elsa und Umut spielen ein Kartenspiel.
Paul und Lulu stöbern in alten Zeitschriften.
Plötzlich scheppert es draußen laut
und Hund Uno springt von Elsas Schoß. Pauls Hündin Murmel knurrt.
Paul saust mit seinem Rolli zur Tür. „Ist da wer?“, fragt er laut.
Keiner antwortet, aber draußen sind schnelle Schritte zu hören.
Die Kinder stürmen mit den Hunden in den Garten. Zu spät!
Da ist niemand mehr. Schnell schauen sich alle um.
„Oh nein!“, stöhnt Elsa plötzlich.
„Mein Erdbeerbeet ist total zertrampelt.
Aber seht mal, da sind Fußspuren zu sehen!“
Umut ruft: „Super! – Ein neuer Fall für TEAM LUPE!“

Oh nein!

„Ein neuer Fall für TEAM LUPE!“
Finde die Hinweise und löse mit den Detektiven
das Rätsel um das zerstörte Erdbeerbeet.

Silben kennen und untersuchen

So gehen wir vor:

Achte auf den 1. Vokal.

Hunde — **kurzer** Vokal (•) ↔ 1. Silbe **geschlossen** 
(endet mit einem **Konsonanten**)

Hupe — **langer** Vokal (–) ↔ 1. Silbe **offen** 
(endet mit einem **Vokal**)

ACHTUNG ACHTUNG ACHTUNG

1 Schwinge und schreibe.

Rasen ______

______

______

______

______

______

2 Markiere die Vokale.

3 Ist der Vokal lang (–) oder kurz (•)? Verbinde.

lie ben	•
Lis te	–

U fo	•
Run de	–

hel fen	•
re den	–

wan dern	•
ra ten	–

lo sen	•
kos ten	–

lus tig	•
ru fen	–

› Lautqualität von Vokalen untersuchen
› Rechtschreibstrategien verwenden: Vokallänge prüfen
› grammatisches Wissen für Rechtschreibung nutzen

Wörter mit doppelten Konsonanten schreiben

So gehen wir vor:

 Hütte — kurzer Vokal ↔ 2 Konsonanten (doppelter Konsonant)

 Hüte — langer Vokal ↔ 1 Konsonant

ACHTUNG ACHTUNG ACHTUNG

1 Verbinde.

Hüte	
Hütte	

Robbe	
Robe	

Ratten	
raten	

Ofen	
offen	

Betten	
beten	

schiefe	
Schiffe	

2 Schreibe die Wörter mit doppelten Konsonanten auf.

Welle Klasse Nase retten Knoten sonnig Tonne rufen

3 Setze ein.

mm m — Blu___e Hi___el So___er

tt t — Schri___e Bro___e We___er

› Lautqualität von Vokalen untersuchen
› Rechtschreibstrategien verwenden: Vokallänge prüfen
› grammatisches Wissen für Rechtschreibung nutzen

Wörter mit doppelten Konsonanten schreiben

1 Setze ein.

ff/f

Schi____e
Ta____el
Sto____e
Lö____el
ho____en

pp/p

Pu____e
Su____e
hu____en
Tre____e
Gru____e

ll/l

Bä____e
ma____en
fa____en
Ke____er
ro____en

nn/n

So____e
ke____en
Do____er
Kro____e
Wa____e

Tipp: Es sind 16 Wörter.

2 Schreibe alle Wörter mit doppelten Konsonanten auf.

____

____

____

____

Nomen mit doppelten Konsonanten schreiben

1 Bilde die Mehrzahl. Schreibe dann die Einzahl.

	Mehrzahl	also
Fa s/ss	viele Fässer	ein Fass
Bla t/tt	viele Blä___er	ein Bla___
Bre t/tt	viele Bre___er	ein
Sto f/ff	viele Sto___e	ein
Sta m/mm	viele	ein
Flu s/ss	viele	ein
Hau s/ss	viele	ein
Ka m/mm	viele	ein
Ku s/ss	viele	ein
Nes t/tt	viele	ein
La m/mm	viele	ein
Schlo s/ss	viele	ein

Tipp: 2 Wörter schreibst du mit einem Konsonanten.

2 Markiere alle doppelten Konsonanten.

Verben mit doppelten Konsonanten schreiben

1 Bilde die Grundform. Schreibe.

	Grundform ...en	also
er re**n**t/er re**nn**t	rennen	er rennt
ihr ro**l**t/ihr ro**ll**t	ro___en	ihr ro___t
du lä**s**t/du lä**ss**t	la___en	du
ich ko**m**e/ich ko**mm**e		
sie le**b**t/sie le**bb**t		
ihr ha**b**t/ihr ha**bb**t		
es bru**m**t/es bru**mm**t		
es bre**n**t/es bre**nn**t		
du fä**l**st/du fä**ll**st		
es fra**g**t/es fra**gg**t		
ihr wo**l**t/ihr wo**ll**t		
ich wi**p**e/ich wi**pp**e		
du so**l**st/du so**ll**st		

2 Markiere alle doppelten Konsonanten.

3 Schreibe Reimwörter auf.

rollen	rennen	wippen
s	k	t
w	br	k

› Stammprinzip beachten
› Lautqualität von Vokalen untersuchen
› grammatisches Wissen für Rechtschreibung nutzen

Adjektive mit doppelten Konsonanten schreiben

1 Schreibe.

Adjektive verändern sich!
klein → die kleine Katze

l / ll?

sti*	→ ein	stiller	See	→	still
schne*	→ ein		Pferd	→	
he*	→ eine		Lampe	→	
to*	→ ein		Auto	→	
vo*	→ ein		Glas	→	
fau*	→ ein		Esel	→	

t / tt?

sa*	→ ein	sattes	Tier	→	satt
ne*	→ ein		Mann	→	
kal*	→ ein		Eis	→	
har*	→ ein		Ei	→	
al*	→ ein		Hund	→	
gla*	→ ein		Hemd	→	
pla*	→ ein		Reifen	→	

m / mm?

stu*	→ ein		Kind	→	
war*	→ ein		Tag	→	
du*	→ eine		Gans	→	

› Stammprinzip beachten
› Lautqualität von Vokalen untersuchen
› grammatisches Wissen für Rechtschreibung nutzen

Detektivwissen überprüfen

1 Schwinge. Streiche durch und schreibe richtig.

	Schule	oder	~~Schulle~~	?	Schule
	Hamer	oder	Hammer	?	
	Hase	oder	Hasse	?	
	küsen	oder	küssen	?	
	Brile	oder	Brille	?	
	malen	oder	mallen	?	

2 Setze ein.

ll l

ro__en Te__er to__es Ro__er

ma__en kna__en Fü__er spie__en

ss s

Wa__er e__en Ki__en bö__e

Me__er Ka__e Be__en nie__en

3 Schreibe die Wörter auf.

Umut lag __________ (sti l/ll) in seinem __________ .

Plötzlich wurde es __________ (he l/ll) auf der __________ .

Umut stand __________ (schne l/ll) auf

und __________ (ra n/nn te) durch das __________ .

Spurensicherung: Der 1. Hinweis!

Umut macht mit dem Tablet ein Foto vom Schuhabdruck
im Erdbeerbeet.
Dann folgen die Kinder der Spur
auf dem feuchten Boden.
„Der Täter ist ins Wäldchen gelaufen“, sagt Paul.
Umut hilft ihm, mit dem Rollstuhl vorwärts zu kommen.
Im Wald ist es dunkel. „Ich habe überhaupt keine Angst!“,
behauptet Umut und stapft voraus.
Plötzlich bleibt er stehen.
„Was ist?“, fragt Elsa ungeduldig.
„Hier sind auf einmal zwei Spuren“, sagt Umut.
Sofort holt Lulu die Lupe aus ihrer Tasche.

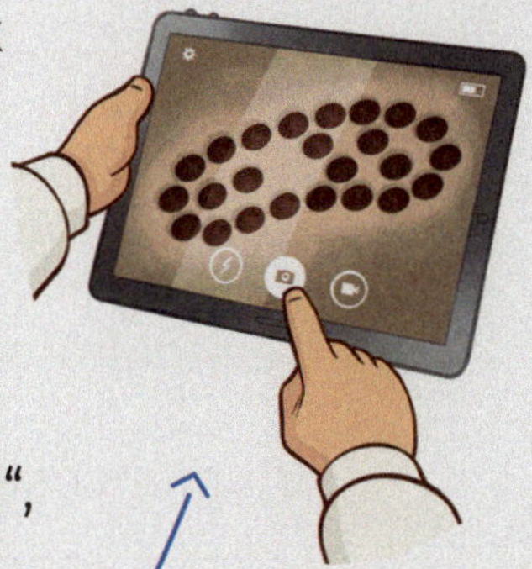

?

Welcher Spur muss TEAM LUPE folgen?
Der Spur nach rechts oder der Spur nach links?

☐ linke Spur

1a

☐ rechte Spur

1b

Silben und Vokale kennen

1 Schwinge und markiere die Vokale.

Hasenohr	Schokoladenei	Kugelschreiber
Hundeleine	Schlafanzughose	Einhornstaub
Telefonhörer	Trampolin	Nudelsalat
Blumenvase	Passwörter	Stinktiergehege

2 Schreibe.

Hasenohr ____________________ ____________________

____________________ ____________________

____________________ ____________________

____________________ ____________________

____________________ ____________________

____________________ ____________________

3 Wie viele Vokale? Wie viele Silben?

Kinderzimmer: ______ Vokale ______ Silben

Spielzeugkiste: ______ Vokale ______ Silben

Autokinoparkplatz: ______ Vokale ______ Silben

› Wörter in Sprechsilben gliedern
› in Silben den Silbenkern erkennen

Vokale erkennen und nutzen

1 Ergänze die Vokale. Markiere das **e** in der letzten Silbe.

R□tt□r

Sp□□g□l

G□□st□r

L□hr□r

M□dch□n

F□rns□h□r

2 Löse das Rätsel.

› Wörter in Sprechsilben gliedern
› in Silben den Silbenkern erkennen

Silbenstruktur erkennen und nutzen

So gehen wir vor:

Beim richtigen Schreiben helfen mir Wörter mit **zwei Silben**. Sie lassen sich gut schwingen und ich kann einzelne Laute besser abhören: schnauben, pfeifen

ACHTUNG ACHTUNG ACHTUNG

1 Kreuze an.
Markiere den richtigen Buchstaben.

Wer sein Fahrrad lie b/p t, der schieb b/p t.	☒ lieben ☐ schieben	☐ liepen ☐ schiepen
Der fröhliche Hun d/t schleckt mir über den Mun d/t .	☐ Hunde ☐ Münder	☐ Hunte ☐ Münter
Ein kleiner Zwer g/k besteigt einen hohen Ber g/k .	☐ Zwerge ☐ Berge	☐ Zwerke ☐ Berke
Der Junge isst eine Nu ss/s und bekommt einen Ku ss/s .	☐ Nüsse ☐ Küsse	☐ Nüse ☐ Küse
Der Ball ist run d/t und die Schuhe sind bun d/t .	☐ rundes ☐ bundes	☐ runtes ☐ buntes
Das süße La mm/m kratzt sich am Sta mm/m .	☐ Lämmer ☐ Stämme	☐ Lämer ☐ Stäme

› Wörter in Sprechsilben gliedern
› Rechtschreibstrategien verwenden: Schwingen

Silbenstruktur erkennen und nutzen

Abschreib-Tipps

1. lesen
2. in Silben sprechen
3. merken
4. schreiben
5. kontrollieren

2 Schreibe die Sätze von Seite 14 zum passenden Bild.

Wörter mit Silben-h schreiben

Da fehlt doch was!
Das Silben-h steht
zwischen zwei Vokalen.

1 Schreibe ab. Schwinge.

Schuhe Ruhe Rehe Mühe Krähe Nähe sprühen mähen

Schuhe,

2 Markiere das Silben-**h**.

3 Markiere die Wörter mit einem Silben-**h**. Schreibe.

Die Kühe sehen, dass die Blumen blühen.
Sie sind satt und muhen. Daneben stehen Rehe
und ruhen. Die Hirsche drohen mit den Geweihen.
Die Winde wehen und die Krähen drehen Runden.
Die Bauern mähen die Wiesen und die Flöhe fliehen.

Kühe,

› Wörter in Sprechsilben gliedern
› Rechtschreibstrategien verwenden: Schwingen
› Rechtschreibgespür entwickeln: silbeninitiales h

Wörter mit Silben-h schreiben

4 Schreibe die Grundform.

	Grundform
er zieht	ziehen
er näht	
sie flieht	
sie geht	
er dreht	

	Grundform
sie steht	
er leiht	
sie blüht	
es glüht	
er sprüht	

5 Markiere das Silben-**h**.

6 Schreibe.

Rehe
Zehen
Kühe
Schuhe

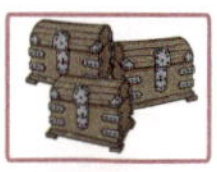 viele Truhen ____  eine ____

 viele ____  ____

 viele ____  ____

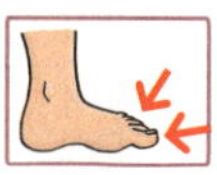 viele ____ 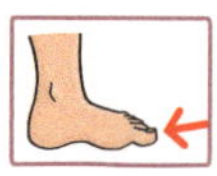 ____

 viele ____  ____

ACHTUNG ACHTUNG ACHTUNG

Das haben wir herausgefunden!

Einige Wörter werden mit **h im Wort** geschrieben.
Es zeigt den **Anfang der zweiten Silbe.**
Ohne das **h** würden zwei Vokale aufeinandertreffen.
Verwandte Wörter mit nur einer Silbe schreibe ich auch immer mit **h**.

stehen – er steht, die Rehe – das Reh

Wörter mit und ohne Silben-h schreiben

1 Bilde die Personalformen.

Grundform	**geh**en		**steh**en		**ruh**en	
ich	gehe	-e		-e		-e
du		-st		-st		-st
er/sie/es		-t		-t		-t
wir		-en		-en		-en
ihr		-t		-t		-t
sie		-en		-en		-en

2 Markiere das Silben-**h**.

ACHTUNG ACHTUNG ACHTUNG

So gehen wir vor:

Bei Zwielauten **au**, **ei**, **eu** ist es oft anders.
Hier schreibst du oft **kein** Silben-h.

ACHTUNG ACHTUNG ACHTUNG

3 Trage das passende Wort ein.

Mauer
sauer
Schauer
Feuer
Säue
Bauer

Auf der ______________  sitzt eine Katze.

Im Kamin brennt ein ______________ .

Der ______________  ist ______________ .

Die ______________  flüchten vor dem ______________ .

› Rechtschreibstrategien verwenden: Schwingen
› Wörter in Sprechsilben gliedern
› Rechtschreibgespür entwickeln: silbeninitiales h

Satzanfänge großschreiben

So gehen wir vor:

Ein Satz beginnt mit einem **großen Buchstaben** und endet mit einem **Satzschlusszeichen**.

Wer ist Pauls Trainer? Ein erwachsener Rollstuhlfahrer ist sein Trainer. Super!

Sätze und Texte werden dadurch leichter lesbar.

ACHTUNG ACHTUNG ACHTUNG

1 Lies.

es war einmal ein Prinz in einem großen Königreich. er verliebte sich in eine schöne Prinzessin. Prinz Carlos ritt zu ihr und schenkte ihr Blumen. sie war sofort verliebt. Carlos und Ludmilla lebten glücklich bis ans Ende ihrer Tage.

2 Markiere die Satzanfänge.

3 Schreibe den Text richtig auf.

Detektivwissen überprüfen

1 Markiere die Vokale. Wie viele sind es?

Kin der ü ber ra schungs tü te   Antwort: ______

2 Schreibe richtig.

Gspnstr  ______

pfl  ______

Krzn  ______

Brnn  ______

Zckr 

______

Schnckn  ______

3 Schreibe 10 Wörter mit **Silben-h** auf.

______

______

______

______

______

Tipp: Seite 16 bis 18 helfen dir dabei.

› Rechtschreibstrategien verwenden: Schwingen
› Rechtschreibgespür entwickeln: silbeninitiales h
› den eigenen Lernstand einschätzen

Spurensicherung: Der 2. Hinweis!

TEAM LUPE folgt den Spuren auf dem Weg Richtung Waldspielplatz. Plötzlich bellt Murmel. Sie saust los und Uno flitzt ihr nach.
Unter einer Eiche warten die Hunde auf die Kinder. Lulu sieht sich verwundert um und murmelt:
„Komisch, hier ist doch gar nichts …“
„Doch, ich sehe was!“, ruft Paul dazwischen und zeigt nach oben. In der Eiche ist ein Baumhaus!
Lulu klettert die Leiter hoch und taucht mit einem Fetzen Stoff wieder auf.
„Was soll das denn sein?“, fragt Umut.
„Ein wichtiges Beweisstück!“, antwortet Lulu ganz aufgeregt.
„Schaut es euch mal genauer an!“, fordert sie ihre Freunde auf.

?

Was ist auf dem Beweisstück zu sehen?
Lies rückwärts.

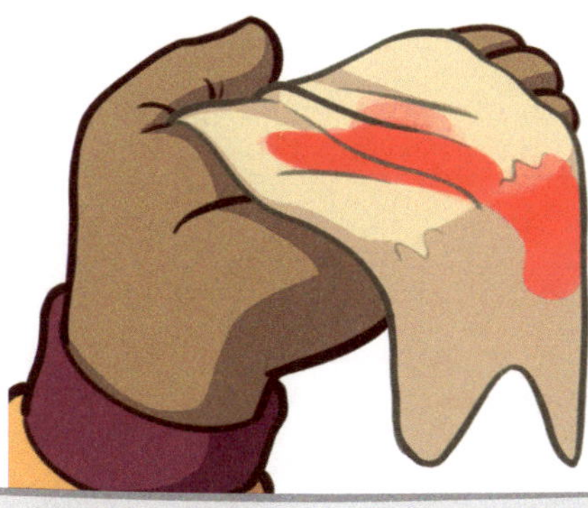

nekcelfreebdrE

☐ Tomatenflecken

2a 

☐ Erdbeerflecken

2b 

Einzahl und Mehrzahl bilden

Kind	Lied	Fahrrad	Fuchs	Heft
Auto	Ecke	Flugzeug	Garten	Beruf
Stuhl	Vase	Qualle	Schule	Radio

1 Schreibe die Nomen mit bestimmtem Artikel auf.
Schreibe die Mehrzahl dazu.

das Kind – die Kinder,

2 Markiere den Artikel der Mehrzahl.
Welcher Artikel steht immer in der Mehrzahl?

› Merkmale von Nomen kennen und anwenden
› grundlegende sprachliche Begriffe kennen: Nomen

Einzahl und Mehrzahl bilden

3 Kreise die Nomen ein.
Schreibe die Mehrzahl auf.

viele…

WALD	ZEITUNG	SAUER	BLITZ

Wälder

KÄFIG	TAG	STÜCK	WICHTIG
GUT	LEHRER	FREUND	REH
JACKE	SPIEL	GEFAHR	KLAR
GEFÜHL	FREI	BLATT	DUFT
SCHNELL	WURM	TANTE	BETT

› Merkmale von Nomen kennen und anwenden
› grundlegende sprachliche Begriffe kennen: Nomen

Zusammengesetzte Nomen bilden

der Baum + das Haus = das Baumhaus

Bestimmungswort – Grundwort – genaue Bezeichnung

Nomen kann man zusammensetzen. Man nennt sie **zusammengesetzte Nomen.**

1 Bilde zusammengesetzte Nomen.

die Bilder	+	das Buch	=	das Bilderbuch
der Brief	+	das Papier	=	das
das Fenster	+	die Scheibe	=	die
der Fisch	+	der Teich	=	
das Wasser	+	die Flasche	=	
der Tee	+	die Kanne	=	
die Feder	+	die Tasche	=	
der See	+	die Robbe	=	
der Computer	+	das Spiel	=	
das Brot	+	das Messer	=	
der Vogel	+	das Nest	=	
der Baum	+	der Stamm	=	
der Garten	+	die Pflanze	=	
das Tier	+	der Schutz	=	

› Merkmale von Komposita kennen
› mit Sprache spielerisch umgehen

Zusammengesetzte Nomen bilden

So gehen wir vor:

Bei manchen zusammengesetzten Nomen steht ein Fugen-**s** oder ein Fugen-**n** zwischen den beiden Nomen.

ACHTUNG ACHTUNG ACHTUNG

2 Schreibe mit Artikel.

s oder n?

Liebling	s/n	Tier	das Lieblingstier
Geburt	s/n	Tag	der
Hase	s/n	Ohr	
Zeitung	s/n	Papier	
Kirche	s/n	Glocke	
Wohnung	s/n	Tür	
Urlaub	s/n	Reise	
Glocke	s/n	Schlag	
Esel	s/n	Ohr	
Liebe	s/n	Brief	
Einladung	s/n	Karte	
Sonne	s/n	Stuhl	

3 Markiere das Fugen-**s** und das Fugen-**n**.

› Merkmale von Komposita kennen
› Fugenlaute kennen
› mit Sprache spielerisch umgehen

Satzglieder kennenlernen

1 Schreibe immer 2 sinnvolle Sätze auf.

zur Schule	der Schulbus	fährt

Zur Schule

die Detektive	einen neuen Fall	lösen

Elsa	einen Auftrag	von Oma	bekommt

2 Kontrolliere:
1. Hast du alle Satzanfänge großgeschrieben? ☐
2. Hast du an jedem Satzende einen Punkt gesetzt? ☐

› Struktur von Sätzen erkennen: Satzglieder
› grundlegende sprachliche Begriffe kennen: Satzglied

Satzglieder kennenlernen

Einige Wörter kleben fest zusammen (Satzglieder).

3 Schreibe immer 2 sinnvolle Sätze auf.

die	liest	Klasse	ein	Buch	gutes

Die Klasse

Ein gutes Buch

Ufos	die	Weltraum	im	kreisen

Junge	pflückt	der	kleine	Blumen	duftende

4 Zähle.

Im Karussell | kreischen | die Kinder.

Es sind ☐ Wörter.

Es sind ☐ Satzglieder.

ACHTUNG ACHTUNG ACHTUNG

Das haben wir herausgefunden!

Manche Wörter in einem Satz kleben fest zusammen (**Satzglieder**).

Ein Satzglied kann aus einem oder mehreren Wörtern bestehen.
Die Satzglieder können ihren Platz im Satz verändern (**Umstellprobe**).

› Struktur von Sätzen erkennen: Satzglieder
› grundlegende sprachliche Begriffe kennen: Satzglied

Treppengedichte schreiben

So gehen wir vor:

Satzglieder lassen sich
durch **Adjektive** (**Schiebewörter**) erweitern.
Das **Nomen** bleibt immer am Ende eines Satzgliedes:

die Brille
die schöne Brille
die schöne, bunte Brille

ACHTUNG ACHTUNG ACHTUNG

1 Markiere die beiden Nomen.

Im Karussel	kreischen	die Kinder.

2 Ergänze.

~~bunten~~
~~bunten~~
bunten
schnellen
schnellen
großen

im Karussell
im bunten Karussell
im bunten, ______ ______
im ______, ______, ______ ______

kreischen

lauten
lauten
lauten
coolen
coolen
wilden

die Kinder
die ______ Kinder
die ______, ______ ______
die ______, ______, ______ ______

› Rechtschreibstrategien verwenden: Nomen großschreiben
› grammatisches Wissen für Rechtschreibung nutzen

Treppengedichte schreiben

3 Ergänze.

Die Maus | läuft | hinter das Haus | in den Garten.

schnell schön alt grün grau groß neu wild

Achtung: Die Adjektive verändern sich.

die Maus

die ________ Maus

die ________, ________ ________

läuft

hinter das Haus

hinter das ________ ________

hinter das ________, ________ ________

in den Garten

in den ________ ________

in den ________, ________ ________

4 Kreise die Nomen ein.

› Rechtschreibstrategien verwenden: Nomen großschreiben
› grammatisches Wissen für Rechtschreibung nutzen

Treppengedichte schreiben

1 Ergänze.

Die Kinder	spielen	ein Spiel	auf dem Schulhof.

groß schön lustig wild nett gut schlau klein

die Kinder
die ________ ________
die ________, ________ ________

spielen

ein Spiel
ein ________ ________
ein ________, ________ ________

auf dem Schulhof
auf dem ________ ________
auf dem ________, ________ ________

2 Ergänze den Merksatz.

Seite 28 hilft dir.

Satzglieder lassen sich durch ________ erweitern. Das ________ bleibt immer am Ende eines Satzgliedes.

› Rechtschreibstrategien verwenden: Nomen großschreiben
› grammatisches Wissen für Rechtschreibung nutzen

Nomen erkennen: Schiebewortprobe

1 Ergänze vor jedem Nomen ein Adjektiv. Schreibe die Sätze auf.

Tipp: Diese Adjektive können dir helfen.

braun	klein	bunt	lang	rund
schlau	groß	lustig	wild	schwer

freche kleinen

Der Papagei sitzt im Käfig.

Der freche Papagei

Der Bauer erntet die Kartoffeln.

Das Einhorn tanzt auf dem Tisch.

Der Clown fällt von der Leiter.

Nomen erkennen: Schiebewortprobe

So gehen wir vor:

Wenn ich **vor das letzte Wort eines Satzgliedes** ein Adjektiv einfügen kann, dann ist es ein Nomen und muss **großgeschrieben** werden.

ACHTUNG ACHTUNG ACHTUNG

1 Markiere die Nomen in Aufgabe 2.

2 Ergänze vor jedem Nomen ein Adjektiv. Schreibe auf.

gesund	krumm
bunt	schief
rot	alt
gelb	reif
schön	klein

Im Teich | schwimmen | Fische.

Im tiefen Teich

Der Hahn | kräht | auf dem Dach.

Der Apfel | fällt | vom Baum.

Der Lehrer | rutscht | auf der Banane.

› Rechtschreibstrategien verwenden: Nomen großschreiben
› grammatisches Wissen für Rechtschreibung nutzen

1 Der Krimi beginnt mit dieser Seite:

Unser Fall

Hier erfährst du, was passiert ist.

Ein neuer Fall für TEAM LUPE

Bevor es mit dem Fall weitergeht, kommt erst mal ein Übungskapitel.

2 Weiter geht es mit der

Spurensicherung

Du ermittelst gemeinsam mit TEAM LUPE.
Löse das Rätsel und finde den Hinweis.
Jetzt weißt du, welcher Sticker in die Fallakte gehört.

Klebe den richtigen Hinweis-Sticker vom Stickerbogen in die Fallakte.

Bist du unsicher, welches der richtige Sticker ist?
Du findest die Lösung auch immer versteckt auf der Seite.

Übe nun weiter.

2-mal blättern, dann geht es weiter.

Illustrationen: Michael Stapper

Meine Hinweis-Sticker für den Fall

1a

1b

2a

2b

3a

3b

4a

4b

5a

5b

6a

6b

Illustrationen: Michael Stapper

westermann

TEAM LUPE ERMITTELT

Das zerstörte Erdbeerbeet

LÖSUNGEN

(zum Heraustrennen die mittlere Klammer lösen)

3

Lösungen zu
ISBN 978-3-14-141472-1
Illustriert von Cesare Asaro, Matthias Berghahn, Michael Stapper, Zapf

Richtig schreiben
FÖRDERN

Vokallänge prüfen

Silben kennen und untersuchen

So gehen wir vor: **Achte auf den 1. Vokal.**

Hunde – **kurzer** Vokal • ↔ 1. Silbe **geschlossen** (endet mit einem Konsonanten)

Hupe – **langer** Vokal − ↔ 1. Silbe **offen** (endet mit einem Vokal)

ACHTUNG – Vokale: a e i o u

1 Schwinge und schreibe.

Rasen, Schere, Bilder, Paket, Rakete, Ampel

2 Markiere die Vokale.

3 Ist der Vokal lang − oder kurz • ? Verbinde.

- lie ben → −
- Lis te → •
- U fo → −
- Run de → •
- hel fen → •
- re den → −
- wan dern → •
- ra ten → −
- lo sen → −
- kos ten → •
- lus tig → •
- ru fen → −

Vokallänge prüfen

Wörter mit doppelten Konsonanten schreiben

So gehen wir vor:

Hütte – kurzer Vokal • ↔ 2 Konsonanten **(doppelter Konsonant)**

Hüte – langer Vokal − ↔ 1 Konsonant

ACHTUNG

1 Verbinde.

- Hüte → Hüte; Hütte → Hütte
- Robbe → Robbe; Robe → Robe
- Ratten → raten; raten → Ratten
- Ofen → offen; offen → Ofen
- Betten → Betten; beten → beten
- schiefe → Schiffe; Schiffe → schiefe

2 Schreibe die Wörter mit doppelten Konsonanten auf.

~~Welle~~ ~~Klasse~~ Nase ~~retten~~ Knoten ~~sonnig~~ ~~Tonne~~ rufen

Welle, Klasse, retten, sonnig, Tonne

3 Setze ein.

mm / m: Blu**m**e, Hi**mm**el, So**mm**er

tt / t: Schri**tt**e, Bro**t**e, We**tt**er

Vokallänge prüfen

Wörter mit doppelten Konsonanten schreiben

1 Setze ein.

ff/f: Schi**ff**e, Ta**f**el, Sto**ff**e, Lö**ff**el, ho**ff**en

pp/p: Pu**pp**e, Su**pp**e, hu**p**en, Tre**pp**e, Gru**pp**e

ll/l: Bä**ll**e, ma**l**en, fa**ll**en, Ke**ll**er, ro**ll**en

nn/n: So**nn**e, ke**nn**en, Do**nn**er, Kro**n**e, Wa**nn**e

Tipp: Es sind 16 Wörter.

2 Schreibe alle Wörter mit doppelten Konsonanten auf.

Schiffe, Stoffe, Löffel, hoffen,
Puppe, Suppe, Treppe, Gruppe,
Bälle, fallen, Keller, rollen,
Sonne, kennen, Donner, Wanne

Vokallänge prüfen

Nomen mit doppelten Konsonanten schreiben

Fa s/ss → viele Fässer → ein Fass

1 Bilde die Mehrzahl. Schreibe dann die Einzahl.

	Mehrzahl	also
Fa s/ss	viele Fässer	ein Fass
Bla t/tt	viele Blätter	ein Blatt
Bre t/tt	viele Bretter	ein Brett
Sto f/ff	viele Stoffe	ein Stoff
Sta m/mm	viele Stämme	ein Stamm
Flu s/ss	viele Flüsse	ein Fluss
Hau s/ss	viele Häuser	ein Haus
Ka m/mm	viele Kämme	ein Kamm
Ku s/ss	viele Küsse	ein Kuss
Nes t/tt	viele Nester	ein Nest
La m/mm	viele Lämmer	ein Lamm
Schlo s/ss	viele Schlösser	ein Schloss

Tipp: 2 Wörter schreibst du mit einem Konsonanten.

2 Markiere alle doppelten Konsonanten.

Einmal doppelt, immer doppelt!

Vokallänge prüfen

Verben mit doppelten Konsonanten schreiben

Grundformen enden immer mit -en: rennen, tanzen.

1 Bilde die Grundform. Schreibe.

	Grundform ...en	also
er rent/er rennt	rennen	er rennt
ihr rolt/ihr rollt	ro_ll_en	ihr ro_ll_t
du läst/du lässt	la_ss_en	du lässt
ich kome/ich komme	kommen	ich komme
sie lebt/sie lebbt	leben	sie lebt
ihr habt/ihr habbt	haben	ihr habt
es brumt/es brummt	brummen	es brummt
es brent/es brennt	brennen	es brennt
du fälst/du fällst	fallen	du fällst
es fragt/es fraggt	fragen	es fragt
ihr wolt/ihr wollt	wollen	ihr wollt
ich wipe/ich wippe	wippen	ich wippe
du solst/du sollst	sollen	du sollst

2 Markiere alle doppelten Konsonanten.

3 Schreibe Reimwörter auf.

rollen	rennen	wippen
sollen	kennen	tippen
wollen	brennen	kippen

› Stammprinzip beachten
› Lautqualität von Vokalen untersuchen
› grammatisches Wissen für Rechtschreibung nutzen

Vokallänge prüfen

Adjektive mit doppelten Konsonanten schreiben

Adjektive verändern sich!
klein → die kleine Katze

1 Schreibe.

l / ll?

sti✱	→ ein stiller	See	→ still
schne✱	→ ein schnelles	Pferd	→ schnell
he✱	→ eine helle	Lampe	→ hell
to✱	→ ein tolles	Auto	→ toll
vo✱	→ ein volles	Glas	→ voll
fau✱	→ ein fauler	Esel	→ faul

t / tt?

sa✱	→ ein sattes	Tier	→ satt
ne✱	→ ein netter	Mann	→ nett
kal✱	→ ein kaltes	Eis	→ kalt
har✱	→ ein hartes	Ei	→ hart
al✱	→ ein alter	Hund	→ alt
gla✱	→ ein glattes	Hemd	→ glatt
pla✱	→ ein platter	Reifen	→ platt

m / mm?

stu✱	→ ein stummes	Kind	→ stumm
war✱	→ ein warmer	Tag	→ warm
du✱	→ eine dumme	Gans	→ dumm

› Stammprinzip beachten
› Lautqualität von Vokalen untersuchen
› grammatisches Wissen für Rechtschreibung nutzen

Detektivwissen überprüfen

1 Schwinge. Streiche durch und schreibe richtig.

Schule	oder	~~Schulle~~	? Schule
~~Hamer~~	oder	Hammer	? Hammer
Hase	oder	~~Hasse~~	? Hase
~~küsen~~	oder	küssen	? küssen
~~Brile~~	oder	Brille	? Brille
malen	oder	~~mallen~~	? malen

2 Setze ein.

ll l

ro_ll_en Te_ll_er to_ll_es Ro_ll_er
ma_l_en kna_ll_en Fü_ll_er spie_l_en

ss s

Wa_ss_er e_ss_en Ki_ss_en bö_s_e
Me_ss_er Ka_ss_e Be_s_en nie_s_en

3 Schreibe die Wörter auf.

Umut lag still (sti l/ll) in seinem Bett.
Plötzlich wurde es hell (he l/ll) auf der Treppe.
Umut stand schnell (schne l/ll) auf
und rannte (ra n/nn te) durch das Haus.

› Rechtschreibstrategien verwenden: Vokallänge prüfen
› den eigenen Lernstand einschätzen

Spurensicherung: Der 1. Hinweis!

Umut macht mit dem Tablet ein Foto vom Schuhabdruck im Erdbeerbeet.
Dann folgen die Kinder der Spur auf dem feuchten Boden.
„Der Täter ist ins Wäldchen gelaufen", sagt Paul.
Umut hilft ihm, mit dem Rollstuhl vorwärts zu kommen.
Im Wald ist es dunkel. „Ich habe überhaupt keine Angst!", behauptet Umut und stapft voraus.
Plötzlich bleibt er stehen.
„Was ist?", fragt Elsa ungeduldig.
„Hier sind auf einmal zwei Spuren", sagt Umut.
Sofort holt Lulu die Lupe aus ihrer Tasche.

? Welcher Spur muss TEAM LUPE folgen?
Der Spur nach rechts oder der Spur nach links?

☐ linke Spur
1a

☒ rechte Spur
1b

Silben und Vokale kennen

1 Schwinge und markiere die Vokale.

a e i o u ä ö ü

Hasenohr	Schokoladenei	Kugelschreiber
Hundeleine	Schlafanzughose	Einhornstaub
Telefonhörer	Trampolin	Nudelsalat
Blumenvase	Passwörter	Stinktiergehege

2 Schreibe.

Hasenohr	Kugelschreiber
Einhornstaub	Hundeleine
Trampolin	Nudelsalat
Passwörter	Blumenvase
Schokoladenei	Schlafanzughose
Telefonhörer	Stinktiergehege

3 Wie viele Vokale? Wie viele Silben?

Kinderzimmer:	4 Vokale	4 Silben
Spielzeugkiste:	6 Vokale	4 Silben
Autokinoparkplatz:	7 Vokale	7 Silben

Vokale erkennen und nutzen

1 Ergänze die Vokale. Markiere das e in der letzten Silbe.

Ritter	Spiegel	Geister
Lehrer	Mädchen	Fernseher

2 Löse das Rätsel.

Silbenstruktur erkennen und nutzen

So gehen wir vor:

Beim richtigen Schreiben helfen mir Wörter mit **zwei Silben**. Sie lassen sich gut schwingen und ich kann einzelne Laute besser abhören: schnauben, pfeifen

ACHTUNG ACHTUNG ACHTUNG

1 Kreuze an. Markiere den richtigen Buchstaben.

Wer sein Fahrrad lie b/p t, der schieb b/p t.	☒ lieben ☒ schieben	☐ liepen ☐ schiepen
Der fröhliche Hun d/t schleckt mir über den Mun d/t.	☒ Hunde ☒ Münder	☐ Hunte ☐ Münter
Ein kleiner Zwer g/k besteigt einen hohen Ber g/k.	☒ Zwerge ☒ Berge	☐ Zwerke ☐ Berke
Der Junge isst eine Nu ss/s und bekommt einen Ku ss/s.	☒ Nüsse ☒ Küsse	☐ Nüse ☐ Küse
Der Ball ist run d/t und die Schuhe sind bun d/t.	☒ rundes ☐ bundes	☐ runtes ☒ buntes
Das süße La mm/m kratzt sich am Sta mm/m.	☒ Lämmer ☒ Stämme	☐ Lämer ☐ Stäme

Silbenstruktur erkennen und nutzen

2 Schreibe die Sätze von Seite 14 zum passenden Bild.

Abschreib-Tipps
1. lesen
2. in Silben sprechen
3. merken
4. schreiben
5. kontrollieren

Das süße Lamm kratzt sich am Stamm.

Der fröhliche Hund schleckt mir über den Mund.

Ein kleiner Zwerg besteigt einen hohen Berg.

Wer sein Fahrrad liebt, der schiebt.

Der Junge isst eine Nuss und bekommt einen Kuss.

Der Ball ist rund und die Schuhe sind bunt.

Wörter in Silben gliedern

Wörter mit Silben-h schreiben

1 Schreibe ab. Schwinge.

~~Schuhe~~ ~~Ruhe~~ ~~Rehe~~ ~~Mühe~~ ~~Krähe~~ ~~Nähe~~ ~~sprühen~~ ~~mähen~~

Schuhe, Ruhe, Rehe, Mühe, Krähe,
Nähe, sprühen, mähen,

2 Markiere das Silben-h.

3 Markiere die Wörter mit einem Silben-h. Schreibe.

Die Kühe sehen, dass die Blumen blühen.
Sie sind satt und muhen. Daneben stehen Rehe
und ruhen. Die Hirsche drohen mit den Geweihen.
Die Winde wehen und die Krähen drehen Runden.
Die Bauern mähen die Wiesen und die Flöhe fliehen.

Kühe, sehen, blühen, muhen, stehen,
Rehe, ruhen, drohen, Geweihen,
wehen, Krähen, drehen, mähen,
Flöhe, fliehen

Wörter in Silben gliedern

Wörter mit Silben-h schreiben

Grundform! en

4 Schreibe die Grundform.

	Grundform
er zieht	ziehen
er näht	nähen
sie flieht	fliehen
sie geht	gehen
er dreht	drehen

	Grundform
sie steht	stehen
er leiht	leihen
sie blüht	blühen
es glüht	glühen
er sprüht	sprühen

5 Markiere das Silben-h.

6 Schreibe.

Rehe
Zehen
Kühe
Schuhe

viele Truhen — eine Truhe
viele Schuhe — ein Schuh
viele Kühe — eine Kuh
viele Zehen — ein Zeh
viele Rehe — ein Reh

ACHTUNG

Das haben wir herausgefunden:

Einige Wörter werden mit **h im Wort** geschrieben.
Es zeigt den **Anfang der zweiten Silbe.**
Ohne das **h** würden zwei Vokale aufeinandertreffen.
Verwandte Wörter mit nur einer Silbe schreibe ich auch immer mit **h**.
stehen – er steht, die Rehe – das Reh

Wörter in Silben gliedern

Wörter mit und ohne Silben-h schreiben

1 Bilde die Personalformen.

Grundform	gehen		stehen		ruhen	
ich	gehe	-e	stehe	-e	ruhe	-e
du	gehst	-st	stehst	-st	ruhst	-st
er/sie/es	geht	-t	steht	-t	ruht	-t
wir	gehen	-en	stehen	-en	ruhen	-en
ihr	geht	-t	steht	-t	ruht	-t
sie	gehen	-en	stehen	-en	ruhen	-en

2 Markiere das Silben-h.

ACHTUNG

So gehen wir vor:

Bei Zwielauten **au**, **ei**, **eu** ist es oft anders.
Hier schreibst du oft **kein** Silben-h.

3 Trage das passende Wort ein.

~~Mauer~~ ~~sauer~~ ~~Schauer~~ ~~Feuer~~ ~~Säue~~ ~~Bauer~~

Auf der Mauer sitzt eine Katze.
Im Kamin brennt ein Feuer.
Der Bauer ist sauer.
Die Säue flüchten vor dem Schauer.

Wörter in Silben gliedern

Satzanfänge großschreiben

So gehen wir vor:

Ein Satz beginnt mit einem **großen Buchstaben** und endet mit einem **Satzschlusszeichen**.
Wer ist Pauls Trainer? Ein erwachsener Rollstuhlfahrer ist sein Trainer. Super!
Sätze und Texte werden dadurch leichter lesbar.

ACHTUNG

1 Lies.

es war einmal ein Prinz in einem großen Königreich. er verliebte sich in eine schöne Prinzessin. Prinz Carlos ritt zu ihr und schenkte ihr Blumen. sie war sofort verliebt. Carlos und Ludmilla lebten glücklich bis ans Ende ihrer Tage.

2 Markiere die Satzanfänge.

3 Schreibe den Text richtig auf.

Es war einmal ein Prinz in einem
großen Königreich. Er verliebte sich
in eine schöne Prinzessin. Prinz Carlos
ritt zu ihr und schenkte ihr Blumen.
Sie war sofort verliebt. Carlos und
Ludmilla lebten glücklich bis ans Ende
ihrer Tage.

Detektivwissen überprüfen

1 Markiere die Vokale. Wie viele sind es?

Kinderüberraschungstüte Antwort: 8

2 Schreibe richtig.

Gspnstr	pfl	Krzn
Gespenster	Äpfel	Kerzen
Brnn	Zckr	Schnckn
Birnen	Zucker	Schnecken

3 Schreibe 10 Wörter mit **Silben-h** auf.

Tipp: Seite 16 bis 18 helfen dir dabei.

Beispiele:
Schuhe, Ruhe, Rehe,
Mühe, Krähe, Truhe,
sprühen, mähen, drehen,
fliehen, Flöhe, wehen,
drohen, ruhen, stehen

› Rechtschreibstrategien verwenden: Schwingen
› Rechtschreibgespür entwickeln: silbeninitiales h
› den eigenen Lernstand einschätzen

Spurensicherung: Der 2. Hinweis!

TEAM LUPE folgt den Spuren auf dem Weg Richtung Waldspielplatz. Plötzlich bellt Murmel. Sie saust los und Uno flitzt ihr nach. Unter einer Eiche warten die Hunde auf die Kinder. Lulu sieht sich verwundert um und murmelt: „Komisch, hier ist doch gar nichts …" „Doch, ich sehe was!", ruft Paul dazwischen und zeigt nach oben. In der Eiche ist ein Baumhaus! Lulu klettert die Leiter hoch und taucht mit einem Fetzen Stoff wieder auf. „Was soll das denn sein?", fragt Umut. „Ein wichtiges Beweisstück!", antwortet Lulu ganz aufgeregt. „Schaut es euch mal genauer an!", fordert sie ihre Freunde auf.

? Was ist auf dem Beweisstück zu sehen? Lies rückwärts.

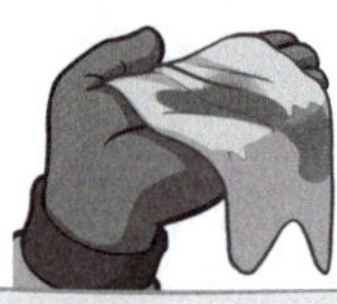

nekcelfreebdrE

- [ ] Tomatenflecken
- [x] Erdbeerflecken

2a  a

2b  i

Kind	Lied	Fahrrad	Fuchs	Heft
Auto	Ecke	Flugzeug	Garten	Beruf
Stuhl	Vase	Qualle	Schule	Radio

1 Schreibe die Nomen mit bestimmtem Artikel auf. Schreibe die Mehrzahl dazu.

das Kind – die Kinder,
das Lied – die Lieder, das Fahrrad – die Fahrräder, der Fuchs – die Füchse, das Heft – die Hefte, das Auto – die Autos, die Ecke – die Ecken, das Flugzeug – die Flugzeuge, der Garten – die Gärten, der Beruf – die Berufe, der Stuhl – die Stühle, die Vase – die Vasen, die Qualle – die Quallen, die Schule – die Schulen, das Radio – die Radios

2 Markiere den Artikel der Mehrzahl. Welcher Artikel steht immer in der Mehrzahl?

die

› Merkmale von Nomen kennen und anwenden
› grundlegende sprachliche Begriffe kennen: Nomen

3 Kreise die Nomen ein. Schreibe die Mehrzahl auf.

viele …

(WALD)	(ZEITUNG)	SAUER	(BLITZ)
Wälder	Zeitungen		Blitze
(KÄFIG)	(TAG)	(STÜCK)	WICHTIG
Käfige	Tage	Stücke	
GUT	(LEHRER)	(FREUND)	(REH)
	Lehrer	Freunde	Rehe
(JACKE)	(SPIEL)	(GEFAHR)	KLAR
Jacken	Spiele	Gefahren	
(GEFÜHL)	FREI	(BLATT)	(DUFT)
Gefühle		Blätter	Düfte
SCHNELL	(WURM)	(TANTE)	(BETT)
	Würmer	Tanten	Betten

› Merkmale von Nomen kennen und anwenden
› grundlegende sprachliche Begriffe kennen: Nomen

Nomen großschreiben (NT)

Zusammengesetzte Nomen bilden

der Baum + das Haus = das Baumhaus
Bestimmungswort – Grundwort – genaue Bezeichnung

Nomen kann man zusammensetzen. Man nennt sie **zusammengesetzte Nomen.**

1 Bilde zusammengesetzte Nomen.

die Bilder	+	das Buch	=	das Bilderbuch
der Brief	+	das Papier	=	das Briefpapier
das Fenster	+	die Scheibe	=	die Fensterscheibe
der Fisch	+	der Teich	=	der Fischteich
das Wasser	+	die Flasche	=	die Wasserflasche
der Tee	+	die Kanne	=	die Teekanne
die Feder	+	die Tasche	=	die Federtasche
der See	+	die Robbe	=	die Seerobbe
der Computer	+	das Spiel	=	das Computerspiel
das Brot	+	das Messer	=	das Brotmesser
der Vogel	+	das Nest	=	das Vogelnest
der Baum	+	der Stamm	=	der Baumstamm
der Garten	+	die Pflanze	=	die Gartenpflanze
das Tier	+	der Schutz	=	der Tierschutz

› Merkmale von Komposita kennen
› mit Sprache spielerisch umgehen

Nomen großschreiben (NT)

Zusammengesetzte Nomen bilden

So gehen wir vor: Bei manchen zusammengesetzten Nomen steht ein Fugen-**s** oder ein Fugen-**n** zwischen den beiden Nomen.

ACHTUNG

2 Schreibe mit Artikel. (s oder n?)

Liebling	s/n	Tier	das Lieblingstier
Geburt	s/n	Tag	der Geburtstag
Hase	s/n	Ohr	das Hasenohr
Zeitung	s/n	Papier	das Zeitungspapier
Kirche	s/n	Glocke	die Kirchenglocke
Wohnung	s/n	Tür	die Wohnungstür
Urlaub	s/n	Reise	die Urlaubsreise
Glocke	s/n	Schlag	der Glockenschlag
Esel	s/n	Ohr	das Eselsohr
Liebe	s/n	Brief	der Liebesbrief
Einladung	s/n	Karte	die Einladungskarte
Sonne	s/n	Stuhl	der Sonnenstuhl

3 Markiere das Fugen-**s** und das Fugen-**n**.

› Merkmale von Komposita kennen
› Fugenlaute kennen
› mit Sprache spielerisch umgehen

Nomen großschreiben (NT)

Satzglieder kennenlernen

1 Schreibe immer 2 sinnvolle Sätze auf.

zur Schule | der Schulbus | fährt

Zur Schule fährt der Schulbus.
Der Schulbus fährt zur Schule.

die Detektive | einen neuen Fall | lösen

Die Detektive lösen einen neuen Fall.
Einen neuen Fall lösen die Detektive.

Elsa | einen Auftrag | von Oma | bekommt

3 Sätze sind möglich

Elsa bekommt einen Auftrag von Oma.
Von Oma bekommt Elsa einen Auftrag.
Einen Auftrag bekommt Elsa von Oma.

2 Kontrolliere: 1. Hast du alle Satzanfänge großgeschrieben? ☐
2. Hast du an jedem Satzende einen Punkt gesetzt? ☐

› Struktur von Sätzen erkennen: Satzglieder
› grundlegende sprachliche Begriffe kennen: Satzglied

Nomen großschreiben (NT)

Satzglieder kennenlernen

Einige Wörter kleben fest zusammen (Satzglieder).

3 Schreibe immer 2 sinnvolle Sätze auf.

die | liest | Klasse | ein | Buch | gutes | ein gutes Buch

Die Klasse liest ein gutes Buch.
Ein gutes Buch liest die Klasse.

Ufos | die | Weltraum | im | kreisen

Die Ufos kreisen im Weltraum.
Im Weltraum kreisen die Ufos.

Junge | pflückt | der | kleine | Blumen | duftende

Der kleine Junge pflückt duftende Blumen.
Duftende Blumen pflückt der kleine Junge.

4 Zähle.

Im Karussell | kreischen | die Kinder.

Es sind 5 Wörter.
Es sind 3 Satzglieder.

ACHTUNG

Das haben wir herausgefunden! Manche Wörter in einem Satz kleben fest zusammen (**Satzglieder**).

Ein Satzglied kann aus einem oder mehreren Wörtern bestehen.
Die Satzglieder können ihren Platz im Satz verändern (**Umstellprobe**).

› Struktur von Sätzen erkennen: Satzglieder
› grundlegende sprachliche Begriffe kennen: Satzglied

TEAM LUPE ERMITTELT – Richtig schreiben 3 – LÖSUNGEN

Nomen großschreiben (NT)

Treppengedichte schreiben

So gehen wir vor:

Satzglieder lassen sich durch **Adjektive (Schiebewörter)** erweitern.
Das **Nomen** bleibt immer am Ende eines Satzgliedes:

die Brille
die schöne Brille
die schöne, bunte Brille

ACHTUNG ACHTUNG ACHTUNG

1 Markiere die beiden Nomen.

Im **Karussel** | kreischen | die **Kinder**

2 Ergänze.

~~bunten~~ ~~bunten~~ ~~bunten~~ ~~schnellen~~ ~~schnellen~~ ~~großen~~

im Karussell
im bunten Karussell
im bunten, schnellen Karussell
im bunten, schnellen, großen Karussell

kreischen

~~lauten~~ ~~lauten~~ ~~lauten~~ ~~coolen~~ ~~coolen~~ ~~wilden~~

die Kinder
die lauten Kinder
die lauten, coolen Kinder
die lauten, coolen, wilden Kinder

Nomen großschreiben (NT)

Treppengedichte schreiben

3 Ergänze. verschiedene Möglichkeiten

Die Maus | läuft | hinter das Haus | in den Garten.

schnell schön alt grün grau groß neu wild

Achtung: Die Adjektive verändern sich.

die Maus
die graue Maus
die graue, schnelle Maus

läuft

hinter das Haus
hinter das alte Haus
hinter das alte, große Haus

in den Garten
in den schönen Garten
in den schönen, grünen Garten

4 Kreise die Nomen ein.

Nomen großschreiben (NT)

Treppengedichte schreiben

1 Ergänze. verschiedene Möglichkeiten

Die Kinder | spielen | ein Spiel | auf dem Schulhof.

groß schön lustig wild nett gut schlau klein

die Kinder
die großen Kinder
die großen, schlauen Kinder

spielen

ein Spiel
ein schönes Spiel
ein schönes, lustiges Spiel

auf dem Schulhof
auf dem kleinen Schulhof
auf dem kleinen, wilden Schulhof

2 Ergänze den Merksatz.

Satzglieder lassen sich durch Adjektive erweitern. Das Nomen bleibt immer am Ende eines Satzgliedes.

Nomen großschreiben (NT)

Nomen erkennen: Schiebewortprobe

1 Ergänze vor jedem Nomen ein Adjektiv. Schreibe die Sätze auf.

Tipp: Diese Adjektive können dir helfen.

braun	klein	bunt	lang	rund
schlau	groß	lustig	wild	schwer

verschiedene Möglichkeiten

Der (freche) **Papagei** sitzt im (kleinen) **Käfig**.

Der freche Papagei sitzt im großen Käfig.

Der **Bauer** erntet die **Kartoffeln**.

Der schlaue Bauer erntet die kleinen Kartoffeln.

Das **Einhorn** tanzt auf dem **Tisch**.

Das wilde Einhorn tanzt auf dem kleinen Tisch.

Der **Clown** fällt von der **Leiter**.

Der lustige Clown fällt von der langen Leiter.

Nomen großschreiben (NT)

Nomen erkennen: Schiebewortprobe

So gehen wir vor:

Wenn ich **vor das letzte Wort eines Satzgliedes** ein Adjektiv einfügen kann, dann ist es ein Nomen und muss **großgeschrieben** werden.

ACHTUNG ACHTUNG ACHTUNG

1 Markiere die Nomen in Aufgabe 2.

2 Ergänze vor jedem Nomen ein Adjektiv. Schreibe auf.

gesund	krumm
bunt	schief
rot	alt
gelb	reif
schön	klein

Im Teich | schwimmen | Fische.

Im tiefen Teich schwimmen die kleine Fische.

verschiedene Möglichkeiten

Der Hahn | kräht | auf dem Dach.

Der bunte Hahn kräht auf dem schiefen Dach.

Der Apfel | fällt | vom Baum.

Der reife Apfel fällt vom alten Baum.

Der Lehrer | rutscht | auf der Banane.

Der schöne Lehrer rutscht auf der krummen Banane.

Nomen großschreiben (NT)

Nomen erkennen: Schiebewortprobe

3 Schreibe die Sätze richtig auf. Achte auf die Nomen.

Der esel | mag | karotten.

Der Esel mag Karotten.

Die tanne | steht | im wald.

Die Tanne steht im Wald.

Die kinder | singen | ein lied.

Die Kinder singen ein Lied.

Die mutter | kocht | in der küche.

Die Mutter kocht in der Küche.

Auf der torte | brennen | die kerzen.

Auf der Torte brennen die Kerzen.

Nomen großschreiben (NT)

Nomen erkennen – Schiebewortprobe

1 Schreibe die Sätze richtig auf.

(fröhlichen) (schönen)

Die Kinder/~~kinder~~ machen einen Urlaub/~~urlaub~~.

Die Kinder machen einen Urlaub.

Am Strand/~~strand~~ sind viele Menschen/~~menschen~~.

Am Strand sind viele Menschen.

Die Eltern/~~eltern~~ holen Pommes/~~pommes~~.

Die Eltern holen Pommes.

Dem Jungen/~~jungen~~ gefällt es im Wasser/~~wasser~~.

Dem Jungen gefällt es im Wasser.

Die Wellen/~~wellen~~ sind ~~Hoch~~/hoch.

Die Wellen sind hoch.

Das Mädchen/~~mädchen~~ baut eine Sandburg/~~sandburg~~.

Das Mädchen baut eine Sandburg.

Die Familie/~~familie~~ möchte gar nicht mehr ~~Weg~~/weg.

Die Familie möchte gar nicht mehr weg.

Nomen großschreiben (NT)

Nomen erkennen – Schiebewortprobe

2 Markiere die Nomen und schreibe die Sätze richtig auf.

Die klasse geht zur sporthalle.

Die Klasse geht zur Sporthalle.

Die lehrerin wartet auf die kinder.

Die Lehrerin wartet auf die Kinder.

Die matten liegen auf dem boden.

Die Matten liegen auf dem Boden.

In der stunde spielen die kinder ein spiel.

In der Stunde spielen die Kinder ein Spiel.

Das spiel gefällt den mädchen.

Das Spiel gefällt den Mädchen.

Die jungen spielen lieber fußball.

Die Jungen spielen lieber Fußball.

Die klingel beendet die sportstunde.

Die Klingel beendet die Sportstunde.

Detektivwissen überprüfen

1 Schreibe 2 sinnvolle Sätze auf. *verschiedene Möglichkeiten*

die Detektive | ein Baumhaus | im Wald | entdecken

Die Detektive entdecken im Wald ein Baumhaus.

Im Wald entdecken die Detektive ein Baumhaus.

2 Markiere die Nomen und schreibe den Text richtig auf.

Lulu ist im wald. Sie findet einen spielplatz. Dort entdeckt sie ein baumhaus. Lulu holt ihre freunde. Sie klettern auf den baum.

Lulu ist im Wald. Sie findet einen Spielplatz. Dort entdeckt sie ein Baumhaus. Lulu holt ihre Freunde. Sie klettern auf den Baum.

Spurensicherung: Der 3. Hinweis!

„Die Person, die das Erdbeerbeet zertrampelt hat, war auf jeden Fall im Baumhaus!", stellt Paul fest. Die Detektive schauen sich nun weiter im Wäldchen um. „Hört ihr das auch?", fragt Umut plötzlich. „Da lacht doch jemand!" TEAM LUPE verfolgt die Spur weiter. Die Detektive kommen dem Lachen immer näher. Kurz darauf erreichen sie endlich den Waldspielplatz. Dort wimmelt es von spielenden Kindern. Elsa stellt sich auf die Zehenspitzen, damit sie mehr sehen kann. Dann ruft sie: „Seht mal, da drüben! Der Junge könnte unser Verdächtiger sein." Umut schlägt sofort vor: „Kommt, lasst uns hingehen und ihn befragen."

? Wer ist der Verdächtige? Kreise ihn ein.

☒ Junge 1 (3a)

e

☐ Junge 2 (3b)

r

Wörter verlängern

Nomen verlängern

So gehen wir vor:

Wenn ich nicht weiß, wie ein Wort **am Ende** geschrieben wird, **verlängere ich das Wort.** Dann höre ich, was ich schreiben muss: ein Ra? – viele Räder, also ein Rad

ACHTUNG

Bei Nomen hilft dir die Mehrzahl!

1 Bilde die Mehrzahl. Schreibe.

d oder t?	viele	ein
Kin*	viele Kinder	ein Kind
Pfer*	viele Pferde	ein Pferd
Fel*	viele Felder	ein Feld
Boo*	viele Boote	ein Boot

g oder k?	viele	ein/eine
We*	viele Wege	ein Weg
Ban*	viele Bänke	eine Bank
Zwer*	viele Zwerge	ein Zwerg
Schran*	viele Schränke	ein Schrank

b oder p?	viele	ein
Kor*	viele Körbe	ein Korb
Die*	viele Diebe	ein Dieb
Sie*	viele Siebe	ein Sieb
Kal*	viele Kälber	ein Kalb

Wörter verlängern

Verben verlängern

1 Bilde die Grundform. Schreibe.

Bei Verben hilft dir die Grundform! lieben

b oder p?

Personalform	Grundform	also ...
er lie b/p t	lieben	er liebt
sie le b/p t	leben	sie lebt
sie hu b/p t	hupen	sie hupt
du ü b/p st	üben	du übst
er kle b/p t	kleben	er klebt
sie erle b/p t	erleben	sie erlebt
er erlau b/p t	erlauben	er erlaubt

g oder k?

Personalform	Grundform	also ...
es lie g/k t	liegen	es liegt
er den g/k t	denken	er denkt
sie trä g/k t	tragen	sie trägt
er schlä g/k t	schlagen	er schlägt
sie dan g/k t	danken	sie dankt
es stin g/k t	stinken	es stinkt
du fra g/k st	fragen	du fragst

2 Markiere b/p und g/k.

Adjektive verlängern

1 Schreibe.

d/t?

run*	→ ein runder	Ball	→	rund
blin*	→ ein blinder	Mensch	→	blind
bun*	→ ein buntes	Bild	→	bunt
gesun*	→ ein gesunder	Apfel	→	gesund
wil*	→ ein wilder	Tiger	→	wild
kal*	→ eine kalte	Limo	→	kalt

b/p?

lie*	→ ein lieber	Brief	→	lieb
gel*	→ eine gelbe	Blume	→	gelb
hal*	→ eine halbe	Stunde	→	halb

g/k?

kran*	→ ein kranker	Hund	→	krank
klu*	→ eine kluge	Katze	→	klug
schlan*	→ eine schlanke	Frau	→	schlank
star*	→ ein starker	Bär	→	stark

2 Markiere **d/t, b/p** und **g/k**.

 › Rechtschreibstrategien verwenden: Verlängern
› Adjektive mit Auslautverhärtung richtig schreiben

Nomen zerlegen und verlängern

1 Finde das passende Nomen. Verbinde. Entscheide: **d** oder **t**?

d/t? viele

die Stran d liege	→ Strände	Nächte
das Wal d stück	→ Wälder	Lieder
die Nach t ruhe	→ Nächte	Strände
der Schwer t wal	→ Schwerter	Schwerter
der Fel d weg	→ Felder	Wälder
der Lie d text	→ Lieder	Felder

2 Verlängere. Entscheide: **g** oder **k**?

g/k? viele

der **Ber** g löwe	→ Berge	→ der Berglöwe
die **Zu** g fahrt	→ Züge	→ die Zugfahrt
die **Schran** k tür	→ Schränke	→ die Schranktür
der **Bur** g graben	→ Burgen	→ der Burggraben
das **Fabri** k tor	→ Fabriken	→ das Fabriktor

› Rechtschreibstrategien verwenden: Verlängern
› Zusammengesetzte Nomen mit Auslautverhärtung richtig schreiben

Nomen zerlegen und verlängern

1 Finde das passende Verb. Verbinde. Entscheide: **g** oder **k**?

Grundform

Len k rad	→ lenken	lenken
Mer k wörter	→ merken	trinken
Stin k tier	→ stinken	stinken
Den k sport	→ denken	denken
Schla g sahne	→ schlagen	merken
Trin k wasser	→ trinken	schlagen

2 Verlängere. Entscheide: **d/t, g/k** oder **b/p**?

Grundform

der **Sau** g roboter	→ saugen	→ der Saugroboter
der **Trin** k becher	→ trinken	→ der Trinkbecher
der **Mer** k satz	→ merken	→ der Merksatz
das **Rei** t pferd	→ reiten	→ das Reitpferd
die **Tan** k stelle	→ tanken	→ die Tankstelle
das **Schla** g zeug	→ schlagen	→ das Schlagzeug
das **Rau** b tier	→ rauben	→ das Raubtier

 › Rechtschreibstrategien verwenden: Verlängern
› Zusammengesetzte Nomen mit Auslautverhärtung richtig schreiben

Nomen zerlegen und verlängern

3 Finde das passende Adjektiv. Verbinde. Entscheide: **d** oder **t**?

Verlängern

Wil d schwein	→ wilde	alte
Bun t stift	→ bunte	weite
Wei t sprung	→ weite	blinde
Run d fahrt	→ runde	bunte
Al t bau	→ alte	wilde
Blin d schleiche	→ blinde	runde

4 Verlängere. Entscheide: **d/t** oder **g/k**?

Verlängern

das **Frem** d wort	→ fremde	→ das Fremdwort
der **Wei** t wurf	→ weite	→ der Weitwurf
der **Wil** d park	→ wilde	→ der Wildpark
das **Al** t papier	→ alte	→ das Altpapier
der **Star** k strom	→ starke	→ der Starkstrom
das **Kal** t getränk	→ kalte	→ das Kaltgetränk
das **Har** t holz	→ harte	→ das Hartholz

› Rechtschreibstrategien verwenden: Verlängern
› Zusammengesetzte Nomen mit Auslautverhärtung richtig schreiben

Detektivwissen überprüfen

1 Verlängere. Schreibe.

d oder t? viele ↪ | ein

Bro✱	viele Brote	ein Brot
Mon✱	viele Monde	ein Mond
Bar✱	viele Bärte	ein Bart

g oder k? Grundform ↪

sie fra✱t	fragen	sie fragt
er win✱t	winken	er winkt
du sa✱st	sagen	du sagst

b oder p? Verlängern ↪

lie✱	liebe	lieb
hal✱	halbe	halb
gel✱	gelbe	gelb

2 Markiere **g/k**, **b/p** und **d/t**.

3 Setze ein.

d oder t | g oder k

Wan d | Hun d | Han d schrift
Saf t | wil d | Wal d brand
schlan k | Ban k | Ber g ziege
schwei g t | klu g | Trin k flasche

Spurensicherung: Der 4. Hinweis!

Elsa hatte recht: Ein Junge hat ein verdächtiges Loch in der Hose. Außerdem konnte TEAM LUPE rote Flecken entdecken. Die Detektive machen sich auf den Weg zu ihm. Da hören sie zwei andere Kinder den Jungen fragen: „Spielst du mit uns Fußball, Milo?" Paul unterbricht das Gespräch und mischt sich ein: „Jetzt geht das leider nicht. Wir sind Detektive und müssen mit Milo reden." Milo reißt erschrocken die Augen auf und rennt davon, aus dem Wäldchen hinaus und immer weiter bis zu einer kleinen Straße. TEAM LUPE nimmt schnell die Verfolgung auf. „Wo ist ... er ... denn jetzt hin?" keucht Umut. Elsa presst ihre Nase an das Schaufenster eines Spielzeugladens. „Ich sehe ihn! Er hat sich getarnt."

? Als was hat Milo sich verkleidet?

☒ Esel 4a g
☐ Pferd 4b o

Merkwörter mit ai üben

1 Schreibe die Merkwörter so oft wie möglich in die Fußspuren.

Hai: Hai Hai Hai Hai Hai Hai Hai Hai Hai Hai Hai Hai Hai Hai Hai Hai Hai Hai

E-Mail: E-Mail E-Mail E-Mail E-Mail E-Mail E-Mail E-Mail E-Mail E-Mail E-Mail E-Mail

Kaiser: Kaiser Kaiser Kaiser Kaiser Kaiser Kaiser Kaiser Kaiser Kaiser Kaiser Kaiser

Mai: Mai Mai Mai Mai Mai Mai Mai Mai Mai Mai Mai Mai Mai

Training: Training Training Training Training Training Training Training Training Training

2 Setze ein.

ein gelbes Gemüse:	Mais
ein Herrscher:	Kaiser
ein Tier mit Flossen:	Hai
ein Monat:	Mai
ein Brief im Internet:	E-Mail
sportliche Übung:	Training
ein Insekt:	Maikäfer

~~Mai~~ ~~E-Mail~~ ~~Maikäfer~~ ~~Mais~~ ~~Hai~~ ~~Kaiser~~ ~~Training~~

Merkwörter mit chs üben

Manchmal sieht man mit einer Lupe besser.

1 Schreibe.

Kerzenwachs, sechs, wachsen, wechseln, Achsel, Frechdachs, Achse

2 Verbinde. Schreibe.

Fuchs	Lachs
Ochse	Luchs
Lachs	Dachs
Luchs	Echse
Dachs	Fuchs
Echse	Ochse

Merkwörter mit langem i üben

1 Finde die Wörter. Markiere.

N	I	L	P	F	E	R	D	P	O	R	G	A	I
E	F	N	I	S	B	L	O	A	U	T	A	H	G
S	E	R	U	T	I	G	E	R	K	I	R	N	E
W	R	A	S	D	B	T	K	U	A	Z	D	J	L
R	O	D	E	M	E	S	V	A	M	P	I	R	M
C	G	I	T	A	R	R	E	L	I	S	N	O	Y
Z	R	O	W	F	U	D	Z	P	N	W	E	K	A

Kamin, Gitarre, Radio, Vampir, Igel, Nilpferd, Gardine, Tiger, Biber

2 Schreibe die Wörter auf.

Nilpferd, Tiger, Vampir, Gitarre,
Radio, Biber, Kamin, Gardine, Igel

3 Schreibe.

e i g T r → Tiger
a d o i R → Radio
G e d r n i a → Gardine
a i t r G r e → Gitarre
a K m n i → Kamin
p e l d f i N r → Nilpferd

› rechtschreibwichtige Wörter normgerecht schreiben
› Rechtschreibstrategien verwenden: Merken, Einprägen
› besondere Buchstabenfolgen kennen: unmarkiertes, langes i

Merkwörter mit langem i üben

4 Markiere die Wörter mit langem i.
Schreibe die Sätze ab.

Die Bibel und die Fibel sind Bücher.
Die Bibel und die Fibel sind Bücher.

Ein Kilo Mandarinen hat viele Vitamine.
Ein Kilo Mandarinen hat viele Vitamine.

Die Maschine braucht einen Liter Benzin pro Minute.
Die Maschine braucht einen Liter Benzin pro Minute.

In einer Ruine findet ein Biber eine Rosine.
In einer Ruine findet ein Biber eine Rosine.

Im Kino sehen wir einen Film über das Risiko von Lawinen.
Im Kino sehen wir einen Film über das Risiko von Lawinen.

› rechtschreibwichtige Wörter normgerecht schreiben
› Rechtschreibstrategien verwenden: Merken, Einprägen
› besondere Buchstabenfolgen kennen: unmarkiertes, langes i

Fremdwörter üben

1 Schreibe die Wörter geordnet auf.

Beamer Cent Clown
Theater Team Computer

Wörter mit C	Wörter mit ea
Cent,	Beamer
Clown	Theater
Computer	Team

Baby Theater Handy Apotheke
Pony Spraydose Thema Mathematik

Wörter mit y	Wörter mit Th/th
Handy	Theater
Baby	Thema
Pony	Apotheke
Spraydose	Mathematik

› rechtschreibwichtige Wörter normgerecht schreiben
› Rechtschreibstrategien verwenden: Merken, Einprägen
› Wörter aus anderen Sprachen kennen und schreiben

Fremdwörter üben

2 Löse das Rätsel.

Apotheke
Pizza
Garage
Handy
Pony
Croissant
Trikot
Toilette
Roboter
Baguette
Termine
Margarine

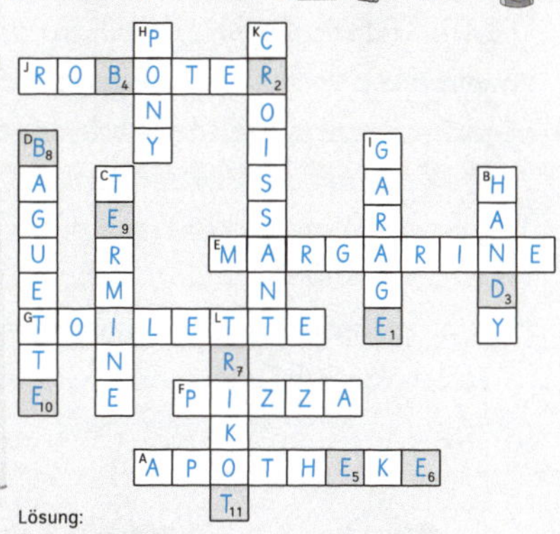

Lösung:
Weißt du schon, wer das E₁ R₂ D₃ B₄ E₅ E₆ R₇ B₈ E₉ E₁₀ T₁₁ zerstört hat?

› rechtschreibwichtige Wörter normgerecht schreiben
› Rechtschreibstrategien verwenden: Merken, Einprägen
› Wörter aus anderen Sprachen kennen und schreiben

Detektivwissen überprüfen

1 Löse das Rätsel.

M A I S_4 — C_2 E N T

E - M A I L_6 — B A_1 B Y

G A R D I N_7 E

B I B E_5 R — D A C H_3 S

Lösung: A_1 C_2 H_3 S_4 E_5 L_6 N_7

2 Male alle Tiere mit **chs** an.

3 Schreibe alle Tiere mit **chs** auf.

Ochse, Fuchs, Dachs, Echse,
Lachs, Luchs

Spurensicherung: Der 5. Hinweis!

Elsa entgeht nichts. Sie hat Milo entdeckt.
Er hat sich mit einer Eselsmaske zwischen den Kuscheltieren versteckt. Die Kinder gehen gemeinsam in den Spielzeugladen. Unauffällig führt Elsa ihre Freunde zur Ecke mit den Plüschtieren.
„Diesmal kriegen wir ihn!", zischt Paul.
TEAM LUPE kreist Milo ein.
Der duckt sich und schaut sich nach einem Fluchtweg um.
Doch es gibt keinen Ausweg und Milo zieht sich die Maske vom Kopf.
Da fällt ein Zettel aus seiner Hosentasche.
Milo bückt sich, aber Uno ist schneller.
Wütend stürzt sich der kleine Hund auf den Zettel.
„Nein, nicht!", ruft Elsa entsetzt.

? Was war auf dem Zettel zu sehen?
Setze ihn im Kopf zusammen.

☐ Ferien im Zirkus (5a)

☒ Ferien auf dem Bauernhof (5b)

1 Ordne zu.

Fühler, verfahren, Vorfahrt, Gefühl, Einfahrt, Malblatt, wir malten, vermalen, Maler, Fahrrad, Malstift, gefühllos, Fahrerin, vorfühlen, er fühlte, anmalen, gefahren, einfühlen

Fühl/fühl: Fühler, Gefühl, gefühllos, vorfühlen, er fühlte, einfühlen,

Fahr/fahr: verfahren, Vorfahrt, Einfahrt, Fahrrad, Fahrerin, gefahren,

Mal/mal: Malblatt, wir malten, vermalen, Maler, Malstift, anmalen,

1 Welche 2 Vorsilben passen?
Verbinde und schreibe.

vor / be / an → leben	an / hin / ent → sehen	vor / ver / be → fehlen
vorleben	ansehen	verfehlen
beleben	hinsehen	befehlen
auf / be / an → packen	an / ab / mit → malen	vor / ver / be → singen
bepacken	anmalen	vorsingen
anpacken	abmalen	versingen
ver / be / an → bringen	ab / mit / ver → stellen	auf / vor / an → essen
verbringen	abstellen	aufessen
anbringen	verstellen	voressen

2 Welches Wort passt? Setze ein.

Ein Fahrrad kannst du abstellen.

Eine Uhr kannst du verstellen.

Wortstamm beachten

Nachgestellte Wortbausteine verwenden: -ung

1 Bilde Nomen mit dem Wortbaustein **-ung**.

heizen	Heizung	drehen	Drehung
einladen	Einladung	ernähren	Ernährung
erklären	Erklärung	bedienen	Bedienung
zeichnen	Zeichnung	erzählen	Erzählung
leiten	Leitung	stören	Störung
wohnen	Wohnung	retten	Rettung
kreuzen	Kreuzung	impfen	Impfung
erwarten	Erwartung	führen	Führung

2 Markiere die großgeschriebenen Anfangsbuchstaben.

3 Welches Wort passt? Setze ein.

Mit einer Einladung möchte Umut Elsa einladen.

› Rechtschreibstrategien verwenden: Wortstamm beachten
› Schreibweise des Wortstamms auf Wortfamilie übertragen
› Möglichkeiten der Wortbildung kennen

Wortstamm beachten

Nachgestellte Wortbausteine verwenden: -heit

1 Bilde Nomen mit dem Wortbaustein **-heit**.

frei	Freiheit	blind	Blindheit
krank	Krankheit	frech	Frechheit
schön	Schönheit	sicher	Sicherheit
faul	Faulheit	wahr	Wahrheit
selten	Seltenheit	dumm	Dummheit
dunkel	Dunkelheit	gesund	Gesundheit
trocken	Trockenheit	gemein	Gemeinheit

2 Markiere die großgeschriebenen Anfangsbuchstaben.

3 Welches Wort passt? Setze ein.

Ein Kind war gemein. Was für eine Gemeinheit!

› Rechtschreibstrategien verwenden: Wortstamm beachten
› Schreibweise des Wortstamms auf Wortfamilie übertragen
› Möglichkeiten der Wortbildung kennen

Wortstamm beachten

Nachgestellte Wortbausteine verwenden: -keit

1 Bilde Nomen mit dem Wortbaustein **-keit**.

einsam	Einsamkeit	flüssig	Flüssigkeit
sauber	Sauberkeit	schwierig	Schwierigkeit
häufig	Häufigkeit	ehrlich	Ehrlichkeit
ähnlich	Ähnlichkeit	fröhlich	Fröhlichkeit
heiter	Heiterkeit	ängstlich	Ängstlichkeit
schnellig	Schnelligkeit	feuchtig	Feuchtigkeit
süßig	Süßigkeit	kleinig	Kleinigkeit

2 Markiere die großgeschriebenen Anfangsbuchstaben.

3 Welches Wort passt? Setze ein.

Elsa liebt Süßigkeiten, weil sie süß sind.

› Rechtschreibstrategien verwenden: Wortstamm beachten
› Schreibweise des Wortstamms auf Wortfamilie übertragen
› Möglichkeiten der Wortbildung kennen

Wortstamm beachten

Nachgestellte Wortbausteine verwenden: -ig und -lich

1 **ig** oder **lich**? Verbinde und schreibe.

das glück (liche / ige) Kind – das glückliche Kind	der hungr (liche / ige) Löwe – der hungrige Löwe
die durst (liche / ige) Katze – die durstige Katze	der kräft (liche / ige) Junge – der kräftige Junge
der ängst (liche / ige) Hase – der ängstliche Hase	die gift (liche / ige) Schlange – die giftige Schlange
das schmutz (liche / ige) Tor – das schmutzige Tor	der fried (liche / ige) Bär – der friedliche Bär

› Rechtschreibstrategien verwenden: Wortstamm beachten
› Schreibweise des Wortstamms auf Wortfamilie übertragen
› Möglichkeiten der Wortbildung kennen

Detektivwissen überprüfen

1 Markiere den Wortstamm.

Arbeiter
erarbeiten
Arbeitsblatt
Arbeitsstelle

Wecker
weckt
aufwecken
erwecken

Glückskind
kindlich
Kleinkind
kindisch

2 Trage die Wortstämme aus Aufgabe 1 ein.

Arbeit/arbeit | Weck/weck | kind

3 Markiere Wörter mit dem Wortstamm **Dank/dank**. Schreibe sie auf.

Tipp: Es sind 5 Wörter!

D	O	R	P	E	T	S	O	H	E	R	T	S
I	U	D	A	N	K	B	A	R	K	E	I	T
G	S	A	L	W	P	U	T	S	V	G	R	N
D	A	N	K	E	N	I	B	R	D	O	N	L
A	L	K	I	T	F	Z	Ü	A	T	U	S	I
N	O	S	P	U	N	D	A	N	K	B	A	R
K	R	T	B	W	H	M	F	G	W	S	Ö	M

Dankbarkeit
danken
dankbar
Dank
dankst

› Rechtschreibstrategien verwenden: Wortstamm beachten
› den eigenen Lernstand einschätzen

Spurensicherung: Der 6. Hinweis!

Nachdem TEAM LUPE ihn im Spielzeugladen gestellt haben,
sieht Milo plötzlich ziemlich traurig aus.
„Hast du mein Erdbeerbeet zertrampelt?“, fragt Elsa.
Milo antwortet nicht. „Na gut“, meint Elsa,
„wir können es ja beweisen. Zieh bitte
deinen linken Schuh aus und zeig ihn uns.“
Milo sieht TEAM LUPE verwirrt an, zieht aber
dann seinen Schuh aus und reicht ihn Elsa.
Lulu holt das Tablet aus dem Rucksack.
Kein Zweifel! Der Schuhabdruck auf dem Foto
und Milos Schuhprofil stimmen überein.
Jetzt gibt Milo es zu: „Ja, ich war's. Ihr habt mich überführt.“

? Wie viele Krimi-Wörter findest du im Rätsel? Kreise sie ein.

K	U	N	B	O	S	T	E	I	K	N
I	R	V	E	R	D	A	C	H	T	A
J	F	U	W	N	I	H	D	C	W	M
E	A	L	E	T	E	R	O	N	P	I
R	L	O	I	M	B	E	T	R	U	G
Z	L	D	S	H	K	L	W	A	T	E

☒ 5 Wörter
6a ① ② ③ ④ ⑤ n

☐ 6 Wörter
6b ① ② ③ ④ ⑤ ⑥ t

Mein Stickerbogen

TEAM LUPE ERMITTELT

Illustrationen: Michael Stapper

Bearbeite so alle 6 Kapitel im Heft.
Am Ende hast du dann 6 Hinweis-Sticker in der Fallakte gesammelt.

3 Die Fallakte

Auf dieser Seite sammelst du die 6 richtigen Hinweis-Sticker.

Auf jedem Sticker findest du einen Buchstaben. Die Buchstaben ergeben das Passwort. Trage jeden Buchstaben in das passende Kästchen ein.

Hinweis 1 = Buchstabe 1 → 1

Außerdem kannst du in der Fallakte das Ende des Falls lesen.

FALL GELÖST!

Brauchst du dabei Hilfe? Frage einen Erwachsenen.

4

Gehe im Internet auf diese Seite:

www.team-lupe-ermittelt.de/erdbeere

Gib nun das Passwort ein.

Hast du das richtige Passwort eingegeben?
Dann wartet eine kleine Überraschung auf dich.

Illustrationen: Michael Stapper

Nomen erkennen: Schiebewortprobe

3 Schreibe die Sätze richtig auf.
Achte auf die Nomen.

Der esel | mag | karotten.

Die tanne | steht | im wald.

Die kinder | singen | ein lied.

Die mutter | kocht | in der küche.

Auf der torte | brennen | die kerzen.

› Rechtschreibstrategien verwenden: Nomen großschreiben
› grammatisches Wissen für Rechtschreibung nutzen

Nomen erkennen – Schiebewortprobe

1 Schreibe die Sätze richtig auf.

Wenn du ein Adjektiv vor ein Wort setzen kannst, ist es ein Nomen.

fröhlichen

schönen

Die Kinder/~~kinder~~ machen einen Urlaub/urlaub .

Die Kinder

Am Strand/strand sind viele Menschen/menschen .

Die Eltern/eltern holen Pommes/pommes .

Dem Jungen/jungen gefällt es im Wasser/wasser .

Die Wellen/wellen sind Hoch/hoch .

Das Mädchen/mädchen baut eine Sandburg/sandburg .

Die Familie/familie möchte gar nicht mehr Weg/weg .

› Rechtschreibstrategien verwenden: Nomen großschreiben
› grammatisches Wissen für Rechtschreibung nutzen

Nomen erkennen – Schiebewortprobe

2 Markiere die Nomen
und schreibe die Sätze richtig auf.

Die klasse geht zur sporthalle.

Die lehrerin wartet auf die kinder.

Die matten liegen auf dem boden.

In der stunde spielen die kinder ein spiel.

Das spiel gefällt den mädchen.

Die jungen spielen lieber fußball.

Die klingel beendet die sportstunde.

Detektivwissen überprüfen

1 Schreibe 2 sinnvolle Sätze auf.

die Detektive | ein Baumhaus | im Wald | entdecken

2 Markiere die Nomen
und schreibe den Text richtig auf.

Lulu ist im wald. Sie findet einen spielplatz.
Dort entdeckt sie ein baumhaus.
Lulu holt ihre freunde. Sie klettern auf den baum.

› Struktur von Sätzen erkennen: Satzglieder
› Rechtschreibstrategien verwenden: Nomen großschreiben
› den eigenen Lernstand einschätzen

Spurensicherung: Der 3. Hinweis!

„Die Person, die das Erdbeerbeet zertrampelt hat, war auf jeden Fall im Baumhaus!“, stellt Paul fest. Die Detektive schauen sich nun weiter im Wäldchen um. „Hört ihr das auch?“, fragt Umut plötzlich. „Da lacht doch jemand!“ TEAM LUPE verfolgt die Spur weiter. Die Detektive kommen dem Lachen immer näher. Kurz darauf erreichen sie endlich den Waldspielplatz. Dort wimmelt es von spielenden Kindern. Elsa stellt sich auf die Zehenspitzen, damit sie mehr sehen kann. Dann ruft sie: „Seht mal, da drüben! Der Junge könnte unser Verdächtiger sein.“ Umut schlägt sofort vor: „Kommt, lasst uns hingehen und ihn befragen.“

? Wer ist der Verdächtige?
Kreise ihn ein.

☐ Junge 1

3a

☐ Junge 2

3b

Nomen verlängern

So gehen wir vor:

Wenn ich nicht weiß, wie ein Wort **am Ende** geschrieben wird, **verlängere ich das Wort**.
Dann höre ich, was ich schreiben muss:
ein Ra? – viele Räder, also ein Rad

ACHTUNG ACHTUNG AC

Bei Nomen hilft dir die Mehrzahl!

1 Bilde die Mehrzahl. Schreibe.

d oder t?	viele	ein
Kin*	viele Kinder	ein Kind
Pfer*	viele	
Fel*		
Boo*		

g oder k?	viele	ein/eine
We*		
Ban*		
Zwer*		
Schran*		

b oder p?	viele	ein
Kor*		
Die*		
Sie*		
Kal*		

› Rechtschreibstrategien verwenden: Verlängern
› Nomen mit Auslautverhärtung richtig schreiben

Verben verlängern

1 Bilde die Grundform. Schreibe.

Personalform	Grundform	also ...
er lie b/p t	lieben	er liebt
sie le b/p t		sie
sie hu b/p t		
du ü b/p st		
er kle b/p t		
sie erle b/p t		
er erlau b/p t		

Personalform	Grundform	also ...
es lie g/k t	liegen	es liegt
er den g/k t		
sie trä g/k t		
er schlä g/k t		
sie dan g/k t		
es stin g/k t		
du fra g/k st		

2 Markiere **b/p** und **g/k**.

Adjektive verlängern

Adjektive verändern sich:
rund → ein **runder** Ball

1 Schreibe.

d / t?

run*	→ ein	runder	Ball	→ rund
blin*	→ ein	______	Mensch	→ ______
bun*	→ ein	______	Bild	→ ______
gesun*	→ ein	______	Apfel	→ ______
wil*	→ ein	______	Tiger	→ ______
kal*	→ eine	______	Limo	→ ______

b / p?

lie*	→ ein	______	Brief	→ ______
gel*	→ eine	______	Blume	→ ______
hal*	→ eine	______	Stunde	→ ______

g / k?

kran*	→ ein	______	Hund	→ ______
klu*	→ eine	______	Katze	→ ______
schlan*	→ eine	______	Frau	→ ______
star*	→ ein	______	Bär	→ ______

2 Markiere **d / t**, **b / p** und **g / k**.

› Rechtschreibstrategien verwenden: Verlängern
› Adjektive mit Auslautverhärtung richtig schreiben

Nomen zerlegen und verlängern

1 Finde das passende Nomen. Verbinde. Entscheide: **d** oder **t**?

d / t?	viele		
die Stran [d] liege	→ Strände	o	o Nächte
das Wal [ ] stück	→ ______	o	o Lieder
die Nach [ ] ruhe	→ ______	o	o Strände
der Schwer [ ] wal	→ ______	o	o Schwerter
der Fel [ ] weg	→ ______	o	o Wälder
der Lie [ ] text	→ ______	o	o Felder

2 Verlängere. Entscheide: **g** oder **k**?

g / k?	viele	
der **Ber** [g] löwe	→ Berge	→ der Berglöwe
die **Zu** [ ] fahrt	→ ______	→ ______
die **Schran** [ ] tür	→ ______	→ ______
der **Bur** [ ] graben	→ ______	→ ______
das **Fabri** [ ] tor	→ ______	→ ______

› Rechtschreibstrategien verwenden: Verlängern
› Zusammengesetzte Nomen mit Auslautverhärtung richtig schreiben

Nomen zerlegen und verlängern

1 Finde das passende Verb. Verbinde. Entscheide: **g** oder **k**?

Grundform

Len [k] rad	→ lenken	○———○	lenken
Mer [ ] wörter	→ ______	○	○ trinken
Stin [ ] tier	→ ______	○	○ stinken
Den [ ] sport	→ ______	○	○ denken
Schla [ ] sahne	→ ______	○	○ merken
Trin [ ] wasser	→ ______	○	○ schlagen

2 Verlängere. Entscheide: **d/t**, **g/k** oder **b/p**?

Grundform

der Sau [g] roboter	→ saugen	→ der Saugroboter
der **Trin** [ ] becher	→ ______	→ ______
der **Mer** [ ] satz	→ ______	→ ______
das **Rei** [ ] pferd	→ ______	→ ______
die **Tan** [ ] stelle	→ ______	→ ______
das **Schla** [ ] zeug	→ ______	→ ______
das **Rau** [ ] tier	→ ______	→ ______

› Rechtschreibstrategien verwenden: Verlängern
› Zusammengesetzte Nomen mit Auslautverhärtung richtig schreiben

Nomen zerlegen und verlängern

3 Finde das passende Adjektiv. Verbinde. Entscheide: **d** oder **t**?

Verlängern

Wil [d] schwein	→ wilde		alte
Bun [ ] stift	→ ______		weite
Wei [ ] sprung	→ ______		blinde
Run [ ] fahrt	→ ______		bunte
Al [ ] bau	→ ______		wilde
Blin [ ] schleiche	→ ______		runde

4 Verlängere. Entscheide: **d/t** oder **g/k**?

Verlängern

das **Frem** [d] wort	→ fremde	→ das Fremdwort
der **Wei** [ ] wurf	→ ______	→ ______
der **Wil** [ ] park	→ ______	→ ______
das **Al** [ ] papier	→ ______	→ ______
der **Star** [ ] strom	→ ______	→ ______
das **Kal** [ ] getränk	→ ______	→ ______
das **Har** [ ] holz	→ ______	→ ______

› Rechtschreibstrategien verwenden: Verlängern
› Zusammengesetzte Nomen mit Auslautverhärtung richtig schreiben

Detektivwissen überprüfen

1 Verlängere. Schreibe.

d oder t?	viele ↪	ein
Bro✱	viele Brote	ein Brot
Mon✱	viele	
Bar✱		

g oder k?	Grundform ↪	
sie fra✱t		
er win✱t		
du sa✱st		

b oder p?	Verlängern ↪	
lie✱		
hal✱		
gel✱		

2 Markiere **g/k**, **b/p** und **d/t**. ↑

3 Setze ein.

Wan ☐	Hun ☐	Han ☐ schrift
Saf ☐	wil ☐	Wal ☐ brand
schlan ☐	Ban ☐	Ber ☐ ziege
schwei ☐ t	klu ☐	Trin ☐ flasche

Spurensicherung: Der 4. Hinweis!

Elsa hatte recht: Ein Junge hat ein verdächtiges Loch in der Hose.
Außerdem konnte TEAM LUPE rote Flecken entdecken.
Die Detektive machen sich auf den Weg zu ihm.
Da hören sie zwei andere Kinder den Jungen fragen:
„Spielst du mit uns Fußball, Milo?“
Paul unterbricht das Gespräch und mischt sich ein:
„Jetzt geht das leider nicht. Wir sind Detektive
und müssen mit Milo reden.“ Milo reißt erschrocken die Augen auf
und rennt davon, aus dem Wäldchen hinaus
und immer weiter bis zu einer kleinen Straße.
TEAM LUPE nimmt schnell die Verfolgung auf.
„Wo ist … er … denn jetzt hin?“ keucht Umut.
Elsa presst ihre Nase an das Schaufenster eines Spielzeugladens.
„Ich sehe ihn! Er hat sich getarnt.“

? Als was hat Milo sich verkleidet?

☐ Esel

4a

☐ Pferd

4b

Merkwörter mit ai üben

1 Schreibe die Merkwörter so oft wie möglich in die Fußspuren.

2 Setze ein.

ein gelbes Gemüse: ______________________

ein Herrscher: ______________________

ein Tier mit Flossen: ______________________

ein Monat: ______________________

ein Brief im Internet: ______________________

sportliche Übung: ______________________

ein Insekt: ______________________

Mai
E-Mail
Maikäfer
Mais
Hai
Kaiser
Training

› rechtschreibwichtige Wörter normgerecht schreiben
› Rechtschreibstrategien verwenden: Merken, Einprägen
› besondere Buchstabenfolgen kennen: ai

Merkwörter mit chs üben

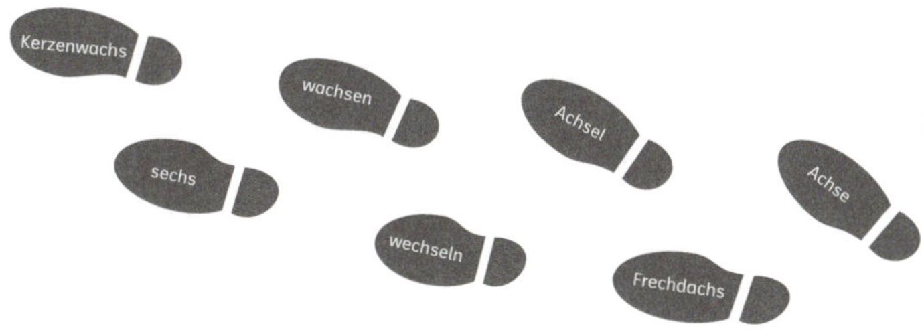

Manchmal sieht man mit einer Lupe besser.

1 Schreibe.

2 Verbinde. Schreibe.

Fuchs		
Ochse		
Lachs		
Luchs		
Dachs		Fuchs
Echse		

Merkwörter mit langem i üben

1 Finde die Wörter. Markiere.

Kamin

Gitarre

N	I	L	P	F	E	R	D	P	O	R	G	A	I
E	F	N	I	S	B	L	O	A	U	T	A	H	G
S	E	R	U	T	I	G	E	R	K	I	R	N	E
W	R	A	S	D	B	T	K	U	A	Z	D	J	L
R	O	D	E	M	E	S	V	A	M	P	I	R	M
C	G	I	T	A	R	R	E	L	I	S	N	O	Y
Z	R	O	W	F	U	D	Z	P	N	W	E	K	A

Radio

Vampir

Igel

Nilpferd

Gardine

Tiger

Biber

2 Schreibe die Wörter auf.

3 Schreibe.

e i g T r

a d o i R

G e d r n i a

a i t r G r e

a K m n i

p e l d f i N r

› rechtschreibwichtige Wörter normgerecht schreiben
› Rechtschreibstrategien verwenden: Merken, Einprägen
› besondere Buchstabenfolgen kennen: unmarkiertes, langes i

Merkwörter mit langem i üben

4 Markiere die Wörter mit langem **i**.
Schreibe die Sätze ab.

Die Bibel und die Fibel sind Bücher.

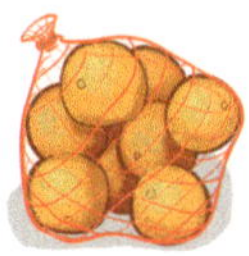

Ein Kilo Mandarinen hat viele Vitamine.

Die Maschine braucht einen Liter Benzin pro Minute.

In einer Ruine findet ein Biber eine Rosine.

Im Kino sehen wir einen Film über das Risiko von Lawinen.

- rechtschreibwichtige Wörter normgerecht schreiben
- Rechtschreibstrategien verwenden: Merken, Einprägen
- besondere Buchstabenfolgen kennen: unmarkiertes, langes i

Fremdwörter üben

1 Schreibe die Wörter geordnet auf.

Beamer Cent Clown
Theater Team Computer

Wörter mit **C**

Wörter mit **ea**

Baby Theater Handy Apotheke
Pony Spraydose Thema Mathematik

Wörter mit **y**

Wörter mit **Th/th**

› rechtschreibwichtige Wörter normgerecht schreiben
› Rechtschreibstrategien verwenden: Merken, Einprägen
› Wörter aus anderen Sprachen kennen und schreiben

Fremdwörter üben

2 Löse das Rätsel.

Apotheke
Pizza
Garage
Handy
Pony
Croissant
Trikot
Toilette
Roboter
Baguette
Termine
Margarine

Lösung:

Weißt du schon, wer das

1	2	3	4	5	6	7	8	9	10	11

zerstört hat?

› rechtschreibwichtige Wörter normgerecht schreiben
› Rechtschreibstrategien verwenden: Merken, Einprägen
› Wörter aus anderen Sprachen kennen und schreiben

Detektivwissen überprüfen

1 Löse das Rätsel.

 ☐ ☐ ☐ ☐4

 ☐2 ☐ ☐ ☐

 ☐ - ☐ ☐ ☐ ☐6

 ☐ ☐1 ☐ ☐

 ☐ ☐ ☐ ☐ ☐ ☐7 ☐

 ☐ ☐ ☐ ☐5 ☐

 ☐ ☐ ☐ ☐3 ☐

Lösung: ☐1 ☐2 ☐3 ☐4 ☐5 ☐6 ☐7

2 Male alle Tiere mit **chs** an.

Ochse
Fuchs
Luchs
Dachs
Echse
Lachs

3 Schreibe alle Tiere mit **chs** auf.

____

____

› Rechtschreibstrategien verwenden: Merken, Einprägen
› den eigenen Lernstand einschätzen

Spurensicherung: Der 5. Hinweis!

Elsa entgeht nichts. Sie hat Milo entdeckt.
Er hat sich mit einer Eselsmaske zwischen den Kuscheltieren versteckt. Die Kinder gehen gemeinsam in den Spielzeugladen. Unauffällig führt Elsa ihre Freunde zur Ecke mit den Plüschtieren.
„Diesmal kriegen wir ihn!“, zischt Paul.
TEAM LUPE kreist Milo ein.
Der duckt sich und schaut sich nach einem Fluchtweg um.
Doch es gibt keinen Ausweg und Milo zieht sich die Maske vom Kopf.
Da fällt ein Zettel aus seiner Hosentasche.
Milo bückt sich, aber Uno ist schneller.
Wütend stürzt sich der kleine Hund auf den Zettel.
„Nein, nicht!“, ruft Elsa entsetzt.

?

Was war auf dem Zettel zu sehen?
Setze ihn im Kopf zusammen.

☐ Ferien im Zirkus

5a

☐ Ferien auf dem Bauernhof

5b

Den Wortstamm kennen und nutzen

1 Ordne zu.

~~**Fühl**~~er, Malblatt, wir **mal**ten, ge**fühl**los, an**mal**en, ver**fahr**en, ver**mal**en, **Fahr**erin, ge**fahr**en, Vor**fahr**t, Ge**fühl**, **Fahr**rad, vor**fühl**en, Ein**fahr**t, **Mal**er, **Mal**stift, er **fühl**te, ein**fühl**en

Fühl/fühl Fühler, ____________________

____

____

Fahr/fahr ____________________

____

____

Mal/mal ____________________

____

____

› Rechtschreibstrategien verwenden: Wortstamm beachten
› morphematische Strategie anwenden
› Schreibweise des Wortstamms auf Wortfamilie übertragen

Vorangestellte Wortbausteine verwenden

1 Welche 2 Vorsilben passen?
Verbinde und schreibe.

vor, be, an	leben
an, hin, ent	sehen
vor, ver, be	fehlen
auf, be, an	packen
an, ab, mit	malen
vor, ver, be	singen
ver, be, an	bringen
ab, mit, ver	stellen
auf, vor, an	essen

vorleben

2 Welches Wort passt? Setze ein.

Ein Fahrrad kannst du ________.

Eine Uhr kannst du ________.

Nachgestellte Wortbausteine verwenden: -ung

1 Bilde Nomen mit dem Wortbaustein **-ung**.

heizen	Heizung	drehen	
einladen		ernähren	
erklären		bedienen	
zeichnen		erzählen	
leiten		stören	
wohnen		retten	
kreuzen		impfen	
erwarten		führen	

2 Markiere die großgeschriebenen Anfangsbuchstaben.

3 Welches Wort passt? Setze ein.

Mit einer ______ möchte Umut Elsa ______.

› Rechtschreibstrategien verwenden: Wortstamm beachten
› Schreibweise des Wortstamms auf Wortfamilie übertragen
› Möglichkeiten der Wortbildung kennen

Nachgestellte Wortbausteine verwenden: -heit

1 Bilde Nomen mit dem Wortbaustein **-heit**.

frei	Freiheit	blind	
krank		frech	
schön		sicher	
faul		wahr	
selten		dumm	
dunkel		gesund	
trocken		gemein	

2 Markiere die großgeschriebenen Anfangsbuchstaben.

3 Welches Wort passt? Setze ein.

Ein Kind war ______. Was für eine ______!

Nachgestellte Wortbausteine verwenden: -keit

1 Bilde Nomen mit dem Wortbaustein **-keit**.

einsam	Einsamkeit	flüssig	
sauber		schwierig	
häufig		ehrlich	
ähnlich		fröhlich	
heiter		ängstlich	
schnellig		feuchtig	
süßig		kleinig	

2 Markiere die großgeschriebenen Anfangsbuchstaben.

3 Welches Wort passt? Setze ein.

Elsa liebt ______, weil sie ______ sind.

› Rechtschreibstrategien verwenden: Wortstamm beachten
› Schreibweise des Wortstamms auf Wortfamilie übertragen
› Möglichkeiten der Wortbildung kennen

Nachgestellte Wortbausteine verwenden: -ig und -lich

1 **ig** oder **lich**? Verbinde und schreibe.

das glück	liche / ige	Kind
das glückliche Kind		
der hungr	liche / ige	Löwe
die durst	liche / ige	Katze
der kräft	liche / ige	Junge
der ängst	liche / ige	Hase
die gift	liche / ige	Schlange
das schmutz	liche / ige	Tor
der fried	liche / ige	Bär

Detektivwissen überprüfen

1 Markiere den Wortstamm.

2 Trage die Wortstämme aus Aufgabe 1 ein.

3 Markiere Wörter mit dem Wortstamm **Dank/dank**.
Schreibe sie auf.

Tipp: Es sind 5 Wörter!

D	O	R	P	E	T	S	O	H	E	R	T	S
I	U	D	A	N	K	B	A	R	K	E	I	T
G	S	A	L	W	P	U	T	S	V	G	R	N
D	A	N	K	E	N	I	B	R	D	O	N	L
A	L	K	I	T	F	Z	Ü	A	T	U	S	I
N	O	S	P	U	N	D	A	N	K	B	A	R
K	R	T	B	W	H	M	F	G	W	S	Ö	M

› Rechtschreibstrategien verwenden: Wortstamm beachten
› den eigenen Lernstand einschätzen

Spurensicherung: Der 6. Hinweis!

Nachdem TEAM LUPE ihn im Spielzeugladen gestellt haben, sieht Milo plötzlich ziemlich traurig aus.
„Hast du mein Erdbeerbeet zertrampelt?“, fragt Elsa.
Milo antwortet nicht. „Na gut“, meint Elsa, „wir können es ja beweisen. Zieh bitte deinen linken Schuh aus und zeig ihn uns.“
Milo sieht TEAM LUPE verwirrt an, zieht aber dann seinen Schuh aus und reicht ihn Elsa.
Lulu holt das Tablet aus dem Rucksack.
Kein Zweifel! Der Schuhabdruck auf dem Foto und Milos Schuhprofil stimmen überein.
Jetzt gibt Milo es zu: „Ja, ich war’s. Ihr habt mich überführt.“

? Wie viele Krimi-Wörter findest du im Rätsel?
Kreise sie ein.

K	U	N	B	O	S	T	E	I	K	N
I	R	V	E	R	D	A	C	H	T	A
J	F	U	W	N	I	H	D	C	W	M
E	A	L	E	T	E	R	O	N	P	I
R	L	O	I	M	B	E	T	R	U	G
Z	L	D	S	H	K	L	W	A	T	E

☐ 5 Wörter

6a ① ② ③ ④ ⑤ n

☐ 6 Wörter

6b ① ② ③ ④ ⑤ ⑥ t

Die Fallakte:

Das zerstörte Erdbeerbeet

In die weißen Felder kommen deine Hinweis-Sticker.

Hinweis 1

1

Hinweis 2

2

Hinweis 3

3

Hinweis 4

4

Hinweis 5

5

Hinweis 6

6

Jetzt fehlt dir nur noch ein PASSWORT.
Trage aus jedem Sticker den Buchstaben
in das passende Kästchen ein.

Milos Lieblingstiere sind:

1	2	3	4	5	6

Glückwunsch!
Gemeinsam mit TEAM LUPE hast du den Fall gelöst.
Das Wort ist dein PASSWORT für:
www.team-lupe-ermittelt.de/erdbeere

Brauchst du dabei Hilfe?
Frage einen Erwachsenen.

ACHTUNG: DAS ENDE DES FALLS

ACHTUNG: DAS ENDE DES FALLS

Sein Schuhabdruck hat Milo verraten. Er wird rot. „Es tut mir so leid, dass ich das Erdbeerbeet zertrampelt habe! Das wollte ich nicht. Eigentlich wollte ich mir nur euren Hof anschauen, weil ich so gerne mal Urlaub auf dem Bauernhof machen würde. Dann habe ich aber aus Versehen die Blecheimer umgeworfen. Das hat so laut gescheppert. Da bin ich schnell weggerannt. Leider bin dabei über das Erdbeerbeet gelaufen. Ich würde euch gerne als Entschuldigung im Garten helfen, und auch das Erdbeerbeet wieder in Ordnung bringen."
Elsa gibt sich einen Ruck. „Dann komm doch am Sonntag zu uns. Wir haben auch einen Esel, eine Ziege und Hühner."
Milo strahlt. „Echt? Danke!"

FALL GELÖST!

RECHTE UND IMPRESSUM

westermann GRUPPE

Druck A² / Jahr 2021
Alle Drucke der Serie A sind im Unterricht parallel verwendbar.

Redaktion: Mandy Busse-Burghardt
Krimigeschichte: Henriette Wich
Illustrationen: Cesare Asaro, Matthias Berghahn, Iris Blanck, Michael Stapper, Zapf
Umschlaggestaltung: Stephanie Schober, mit Illustrationen von Michael Stapper
Gesamtlayout: blum design und kommunikation GmbH, Hamburg
Technische Grafiken: blum design und kommunikation GmbH, Hamburg;
DTP Schriftsatz, Krefeld
Layout: PER Medien, Braunschweig
Druck und Bindung: Westermann Druck Zwickau GmbH, Crimmitschauer
Straße 43, 08058 Zwickau

ISBN 978-3-14-**141472**-1